易经
卜辞看人生

傅佩荣———— 编撰

九州出版社

JIUZHOUPRESS

图书在版编目（CIP）数据

卜辞看人生：易经 / 傅佩荣著. -- 北京：九州出版社，2017.7

ISBN 978-7-5108-5641-9

Ⅰ. ①卜… Ⅱ. ①傅… Ⅲ. ①《周易》 Ⅳ. ①B221.1

中国版本图书馆CIP数据核字(2017)第172494号

卜辞看人生：易经

作　　者	傅佩荣
责任编辑	李黎明
出版发行	九州出版社
地　　址	北京市西城区阜外大街甲 35 号（100037）
发行电话	（010）68992190/3/5/6
网　　址	www.jiuzhoupress.com
电子信箱	jiuzhou@jiuzhoupress.com
印　　刷	北京盛通印刷股份有限公司
开　　本	787 毫米 ×1092 毫米　32 开
印　　张	7.375
字　　数	145 千字
版　　次	2017 年 11 月第 1 版
印　　次	2017 年 11 月第 1 次印刷
书　　号	ISBN 978-7-5108-5641-9
定　　价	45.00 元

用经典滋养灵魂

龚鹏程

每个民族都有它自己的经典。经，指其所载之内容足以做为后世的纲维；典，谓其可为典范。因此它常被视为一切知识、价值观、世界观的依据或来源。早期只典守在神巫和大僚手上，后来则成为该民族累世传习、讽诵不辍的基本典籍。或称核心典籍，甚至是"圣书"。

佛经、圣经、古兰经等都是如此，中国也不例外。文化总体上的经典是六经：《诗》、《书》、《礼》、《乐》、《易》、《春秋》。依此而发展出来的各个学门或学派，另有其专业上的经典，如墨家有其《墨经》。老子后学也将其书视为经，战国时便开始有人替它作传、作解。兵家则有其《武经七书》。算家亦有《周髀算经》等所谓《算经十书》。流衍所及，竟至喝酒有《酒经》，饮茶有《茶经》，下棋有《弈经》，相鹤相马相牛亦皆有经。此类支流稗末，固然不能与六经相比肩，但它各自代表了在它那一个领域中的核心知识地位，却是很显然的。

我国历代教育和社会文化，就是以六经为基础来发展的。直到清末废科举、立学堂以后才产生剧变。但当时新设的学堂虽仿洋制，却仍保留了读经课程，以示根本未坠。辛亥革命后，蔡元培担任教育总长才开始废除读经。接着，他主持北京大学时出现的"新文化运动"更进一步发起对传统文化的攻击。趋势竟由废弃文言，提倡白话文学，一直走到深入的反传统中去。论调越来越激烈，行动越来越鲁莽。

台湾的教育、政治发展和社会文化意识，其实也一直以延续五四精神自居，以自由、民主、科学为号召。故其反传统气氛，及其体现于教育结构中者，与当时大陆不过程度略异而已，仅是社会中还遗存着若干传统社会的礼俗及观念罢了。后来，台湾朝野才惕然憬醒，开始提倡"文化复兴运动"，在学校课程中增加了经典的内容。但不叫读经，乃是摘选《四书》为《中国文化基本教材》，以为补充。另成立文化复兴委员会，开始做经典的白话注释，向社会推广。

文化复兴运动之功过，诚乎难言，此处也不必细说，总之是虽调整了西化的方向及反传统的势能，但对社会普遍民众的文化意识，还没能起到警醒的作用；了解传统、阅读经典，也还没成为风气或行动。

二十世纪七十年代后期，高信疆、柯元馨夫妇接掌了当时台湾第一大报中国时报的副刊与出版社编务，针对这个现象，遂策划了《中国历代经典宝库》这一大套书。精选影响国人最为深远的典籍，包括了六经及诸子、文艺各领域的经典，遍邀名家为之疏解，并附录原文以供参照，一时朝野震动，风气丕变。

其所以震动社会，原因一是典籍选得精切。不蔓不枝，能体现传统文化的基本匡廓。二是体例确实。经典篇幅广狭不一、深浅悬隔，如《资治通鉴》那么庞大，《尚书》那么深奥，它们跟小说戏曲是截然不同的。如何在一套书里，用类似的体例来处理，很可以看出编辑人的功力。三是作者群涵盖了几乎全台湾的学术菁英，群策群力，全面动员。这也是过去所没有的。四、编审严格。大部丛书，作者庞杂，集稿统稿就十分重要，否则便会出现良莠不齐之现象。这套书虽广征名家撰作，但在审定正讹、统一文字风格方面，确乎花了极大气力。再加上撰稿人都把这套书当成是写给自己子弟看的传家宝，写得特别矜慎，成绩当然非其他的书所能比。五、当时高信疆夫妇利用报社传播之便，将出版与报纸媒体做了最好、最彻底的结合，使得这套书成了家喻户晓、众所翘盼的文化甘霖，人人都想一沾法雨。六，当时出版采用豪华的小牛皮烫金装帧，精美大方，辅以雕花木柜。虽所费不赀，却是经济刚刚腾飞时一个中产家庭最好的文化陈设，书香家庭的想象，由此开始落实。许多家庭乃因买进这套书，而仿佛种下了诗礼传家的根。

高先生综理编务，辅佐实际的是周安托兄。两君都是诗人，且侠情肝胆照人。中华文化复起、国魂再振、民气方舒，则是他们的理想，因此编这套书，似乎就是一场织梦之旅，号称传承经典，实则意拟宏开未来。

我很幸运，也曾参与到这一场歌唱青春的行列中，去贡献微末。先是与林明峪共同参与黄庆萱老师改写《西游记》的工作，继而再协助安托统稿，推敲是非、斟酌文辞。对整套书说不上有什么助益，自己倒是收获良多。

书成之后，好评如潮，数十年来一再改版翻印，直到现在。经典常读常新，当时对经典的现代解读目前也仍未过时，依旧在散光发热，滋养民族新一代的灵魂。只不过光阴毕竟可畏，安托与信疆俱已逝去，来不及看到他们播下的种子继续发芽生长了。

当年参与这套书的人很多，我仅是其中一员小将。聊述战场，回思天宝，所见不过如此，其实说不清楚它的实况。但这个小侧写，或许有助于今日阅读这套书的大陆青年理解该书的价值与出版经纬，是为序。

《易经》与人生

傅佩荣

《易经》是一部奇妙无比的古书，看不懂的人说它是有字天书；略知一二的人对它深感敬畏；真正了解的人爱不释手，随时摆在案头，向它请益人生各种问题，增长处世的智慧。

《易经》的"义理"告诉我们：宇宙万物一直在变化之中，充满无限的活力与生机，那么人类应该如何妥善安排自己有限而可贵的一生？答案是努力提升道德价值，以行善为主轴，搭配求真与审美的目标，使人生趋于完美的境地。个人与群体不可区隔，所以《易经》是"成己成人"之学。

《易经》的"象数"可以用于占卦，只要秉持"不诚不占、不义不占、不疑不占"三项原则，再依循正确的方式进行，则占卦结果将使人相信"无有师保，如临父母"并非虚语；意即即使没有老师与保护者，也好像面临父母在指导一样。当然，人都希望趋吉避凶，但是《易经》也提醒我们"天道无吉凶"，因为吉凶在于人的欲望。

《易经》再三揭示人生的正途在于培养德行、增强能力，以及启发智慧。把握这三点，人生的主动权操之于己，生命也将变得充实而更有意义。《易经》在古代经典中属于哲学类，其故在此。哲学是对人生经验做全面的反省，再由之找出系统的理解和最终的目标，也因此可以说：没有哲学，人生形同盲目；脱离人生，哲学难免空疏。而《易经》正是一套圆满的哲学体系，不学《易经》，将是无可弥补的知性缺憾。

关于《易经》的学习，我用三句话来概括：一、不学一定不会；二、学了不一定会；三、学会终身受用。

首先，《易经》的六十四卦是基于一套特定的符号系统，若不曾学习，则这些卦象显得神秘而难解。其次，为什么学了还不一定会呢？因为它的占卦部分需要解卦，而解卦能力永远有提升的空间。这表示人生有可测与不可测的部分，同时人也有自行做主的选择机会。占卦不同于一般的算命，其原因就在于它要求我们以清醒的理性和负责的态度去面对人生。最后，学会《易经》将可终身受用，此中妙处，其实在学习过程中就已逐步实现了。

我于二〇〇八年一月应山东电视台《新杏坛》节目之邀，主讲了九集"易经与人生"，借助传媒之便，向大众介绍《易经》的来龙去脉与基本观念。现在讲稿整理成书，又增加了许多图片、数据，以及占卦和解卦的方法，希望读者可以比较全面而客观地认识《易经》，由此进入它广大无边又深奥无比的世界，与历代读书人一起遨游相忘其中。

二○一二年元月开始，时报文化出版公司发行《中国历代经典宝库》（修订版），建议将本书列入其中，我欣然同意并深感荣幸，但愿能够共襄盛举，有助于国学推广的风潮。

目　录

第一章 《易经》是什么?

多年前,我在比利时鲁汶大学教书。由于饮食习惯很难改变,到国外之后,我跟很多中国人一样,先找中国餐厅。有一家餐馆老板知道我是教哲学的,就对我说他的餐馆生意不太好,因为犯了"路冲"。他于是买了一个"先天八卦图"挂在餐馆门口,挂了一个多月,生意并没有改善,他于是要求我帮他看看图是不是有问题。我一看,发现挂着的"先天八卦图"底下两个卦画反了,难怪无效。但是后来改正之后,是否就有效了呢?

一、学习《易经》的心得

很多时候,我们把《易经》当作心理上一种需求的满足。事实上,《易经》能否消灾解厄、趋吉避凶呢?这并不是《易经》的重点,《易经》的重点在于"修德"、"行善"。上述的那个经历,就是因为八卦就在《易经》里,也是我们最古老的传统。

谈到学习《易经》，我有三句话作为心得：

● 不学一定不会

没有学《易经》，肯定是不懂的。

有什么学问是不学也会懂的？假设你没有学过儒家，没有仔细读过《四书》，我说你要好好"修德行善"、"忠信孝悌"，你一听也知道这是儒家；假设你没有学过道家，对于老庄思想也没有仔细研究，我说你要"顺其自然"、"不争"、"无为"，你一听也知道是道家。很多学问虽然你没有学过，也会知道大概。

然而，《易经》不一样。多少人买了《易经》，打开一看，只感觉到两个字：天书，不知道它在写什么。《易经》最主要是六十四个卦象，对于卦象，如果没有花一两个小时入门，根本不知道它代表什么意思。而每一个卦象都很像、很接近，都是两条横线组成，一条横线是没有断的，另一条是断的。两条线很简单，但是合成六条线之后就复杂了，总共就有六十四个卦象。所以，不学一定不会。

● 学了不一定会

学了还不一定会，那怎么办呢？

《易经》有两大范围：一个叫"义理"，即人生正确的道理，说明要修德，培养自己好的德行，这个理解起来倒是很容易；另外一个叫"象数"，它关系到一个卦象可以用数字来表达它的意思，这就跟占卦有关了。

学《易经》只学"义理"的话，一辈子不懂占卦，这样也不太圆满；专门讲占卦，最后好像变成算命的，那更不是《易经》原本的意思。所以，不学一定不会，学了不一定会。

● 学会终身受用

一旦学会，终身受用。对自己来说，知道为什么要修德，清楚什么时候要采取什么样的行为，就能对自己的生命掌握主动性，培养智慧，发展能力，又有德行，这是《易经》的最高理想。

由此可知，我们确实要了解《易经》到底是什么。我将从以下几个方面来加以说明。

二、《易经》、《易传》、"易学"

《易经》是中国最古老的一本书，因为古代的书是竹简做成的，所以它非常简单扼要，材料很少，只是后代发挥得比较多。

《易经》为"十三经"之首，那时还没有"十三经"的讲法，而是讲"五经"，也就是《诗》、《书》、《礼》、《乐》、《易》。《诗》（《诗经》）代表文学；《书》（《尚书》）代表历史；《礼》（《礼经》）代表生活规范；《乐》（《乐经》）代表艺术、音乐修养；《易》（《易经》）代表哲学。

一说到哲学，感觉"玄之又玄"，好像与生活脱了节。《易经》在古代被列为哲学范围，它有何特色呢？哲学"爱好智慧"，智慧有一个特色——完整而根本。也就是说，你不能只看人的世界，还要看自然界和天道,即天、地、人三方面都要兼顾;不能只看现在,还要看过去、未来。换句话说,在空间和时间(即宇宙)两方面都要兼顾。

《易经》作为哲学的代表,也可以说是中国哲学的根源,其中包括三大部分:《易经》、《易传》、"易学",这也是学术界目前公认的分类方式。

如果只念《易经》,最多二十页。因为《易经》的"经"本身很少,只有六十四个卦象,加上卦辞、爻辞,二十页就读完了。但是这二十页没有人看得懂,不知道它在写什么,因为太扼要、太简单了,所以就有了《易传》。

《易传》是由孔子与他的后代弟子们整理而成,可以说是靠整个学派的合作才完成的。所以,现在买任何一本《易经》,都是《易经》、《易传》合在一起。一旦分开,就无从得知它在说什么了。

经过儒家的解释,《易传》的内容很丰富,共有十个部分,叫作"十翼"。"翼"就是辅助,好像翅膀一样,作为辅助,让你了解《易经》。

"十翼"首先是《彖传》和《象传》,各分上下,总共四篇。《彖传》是解释卦辞的部分;《象传》则是解释卦义与爻辞,解释卦义的叫作《大象传》,解释爻辞的叫作《小象传》。通常以《小象传》为主,《大象传》只有一句话。

其次是《系辞传》。《系辞传》是独立又精彩的哲学论述,分上下的理由不一样，并没有任何客观的根据，纯粹因为太长了，所以分上下两部分。这样一来就有"六翼"了，还剩下四个：《文言传》、《说卦传》、《序卦传》、《杂卦传》。

《文言传》是对某些文字做解释，但是只对乾卦、坤卦做特别的说明，因为这两卦太重要了；《说卦传》是说明每一卦出现的原因、命名的理由。

《序卦传》是讲六十四卦顺序排列的理由；《杂卦传》即没有顺序，将六十四卦混在一起讲，很多人认为它的内容没有什么道理，应该不是什么伟大的作品。

司马迁认为"十翼"是孔子所著，后人则认为是孔子的学生传至司马迁的父亲司马谈（一代一代，至少传了十代）。司马迁家学渊源，懂得《易经》，"究天人之际，通古今之变，成一家之言"（《史记·太史公自序》），就是因为懂得变化的道理，他才能写就《史记》。

整个《易经》的思想基本上是在时间的变化过程中，观察人们应该如何根据自然界的变化，来安排自己的行为，目的是要"趋吉避凶"。人活在世界上当然希望过得快乐，谁都不喜欢痛苦、烦恼、灾难。因此，吉凶就关系到一个人活得开不开心、想要的东西能不能得到，或者不想失去的东西会不会失去。

总的来说，我们只要了解"十翼"只是十种对于《易经》内容所做的说明，属于《易传》的部分即可。

"易学"从汉代以后一路发展，各自研究，门派多得不得了，随便一念，大概也有一百多部易学著作。介绍《易经》要以"经"和"传"为主，把《易经》与人生的道理说清楚。有些人喜欢成语，而很多成语其实就是从《易经》里面来的。

总之，我们首先要了解，《易经》是最古老的书，是中国古代经典的第一部，其中包括"经"、"传"、"学"，而我们的重点在"经"和"传"。"学"这一部分非常复杂，很少人搞得清楚，天下没有一个人敢说他了解完整的《易经》。就是学某一小部分，也得花上几十年的时间，能够入门，就很不错了。

而这也是本书的目的，希望透过介绍，能够了解《易经》与人生的相关性。现代人为什么还要学习这么古老的智能？它到底有没有启发性呢？这就是本书的重点。人生的智慧在《易经》里面可以说是集大成，得到了一种完整的解释，就看你以后要怎么延伸及应用了。

有人问，《易经》的大原理是什么？一句话："观天道以立人道"。"天道"代表宇宙大自然的规则，"人道"则是人的世界应该如何生存的道理。

你无法关起门来过人的生活，因为你随时与自然界在互动的关系中。你住在山边，就有适合山的特性的生活，住在海边则又是另外一套了。你不能说我是一个人，到任何地方都一样。如果无法适应自然条件，春夏秋冬都不能分辨，怎么生存？

因此，人的生活与自然界息息相关，而我们讲到《易经》的开始，就要从这里入手。

三、《易经》是符号象征

如何观察天道以安排人之道呢？《易经》的特色又是什么？

《易经》最特别的一点，就是使用符号象征。平常大家见面时都会先交换名片或请教大名，人从小开始就有名字，名字本身不变，但人却天天都在变。试想，从小时候生下来所叫的名字是不变的，但是你哪一天没有在变呢？从小学一路到现在，毕业几十年了，名字是一样的，这说明了什么？

《易经》的智能就表现在使用符号象征上。西方有个学派，就强调人是使用符号的动物。说到人的特性，跟动物相比有什么不同？以前西方学者说："人是有理性的动物。"但是有理性的动物，为什么会做出许多非理性的事呢？人类历史上就发生过很多非理性的事件。换一种说法："人是唯一会笑的动物。"说实在的，人会笑，有时候是笑里藏刀，有时候是表面笑、心里哭。况且，你又怎么知道动物不会笑呢？

因此，人是唯一使用符号的动物。什么叫符号？符号不同于记号，举例来说，过马路时看到红灯就停下来，这就叫作记号。又例如你如果发现自己国家的国旗被人拿来烧了，便会感到愤怒。像中东很多国家会以烧美国国旗来抗议美国，美国人就会很生气。他们为什么生气呢？只不过在烧一块布而已。但那不是普通的布，一旦画上某些符号以后，布就成了国家的象征了，这就叫作符号。

记号是一对一的，符号就有无限的引申空间，跟个人的生命意义有关。有些人对国旗没什么感觉，有些人感情深厚，每个人不同，这就叫作象征，也就是符号。

《易经》就是一套象征系统，基本的象征是什么？变化。"易"就是变化，变化就有主动力和受动力。主动力称为"阳爻"，符号是一条横线中间不断（—）。"爻"是效法的意思，"阳爻"这条线，就是效仿宇宙的主动力。

但是，只有主动力不够，还需要有受动力，否则主动力一下子就没了，好像流入泥沙之中了。因此，需要由受动力把它接过来发展，也就是所谓的"阴爻"，符号为一条横线中间断裂（- -）。

"阳爻"代表主动力，"阴爻"代表受动力，靠这两种力的配合，构成了宇宙万物的变化。所以，《易经》是使用符号象征最早的证据。

对整个人类历史来说，这都是非常伟大的发明。现在我们已经很习惯使用符号了，像二〇〇八年的奥运徽标，就是一个符号象征，任何人一看就知道，这是由北京主办的奥运会。又例如现今很多重大活动或很多地方，只要是由人在主导，都喜欢弄个LOGO来作为代表。

这就是《易经》开始用"阴"、"阳"来代表宇宙万物变化的出发点。阴爻、阳爻两条线构成基本的"三爻"，就是八卦；六十四卦是"六爻"，再翻一倍，八八六十四，这是简单的数字，我们就点到为止，后面会做详细的说明。

四、什么叫作"易"？

什么叫作"易"呢？"易"有三个意思：第一是"变化"，最基本的意思；第二是"不变"，为什么又不变呢？因为规则不变。变化有变化的规则，规则是不能变的；第三是"易简"，容易和简单。

为什么讲"易简"，而不说"简易"呢？说"简易"好像很容易，事实上不见得。在《易经》里讲的是"易简"，"易"代表时间，"简"代表空间；"易简"代表时间和空间。"乾卦"代表时间、创造力，"坤卦"代表空间、承受、发展。

综合以上三点，"易"就包括了三个意思："变易"、"不易"、"易简"。

有些外国人喜欢研究《易经》，他们虽然是靠翻译来读这部经典，但也会有不少心得，尤其是在心理学方面。我记得在美国念书时曾遇到一位教授，他看到很多人研究中国的《易经》，于是问我："听说这本书是你们中国人古代智慧的代表，但是它到底在讲什么呢？"

在当时，外国人认为《易经》的"易"就是"I"，"经"就是"CHING"，这是一种外语的拼音法。于是这位教授把《易经》念成"爱情"，他说中国有一本书叫作《爱情》，我想了半天，我们怎么会有部经典叫作《爱情》呢？后来才知道他讲的是《易经》。他翻开《易经》一看，发现很多图案，根本看不懂，但觉得很有趣，好像有一种对称的规则，八八六十四卦，完全没有重复。这也说明了中国人很早就使用符号表达宇宙变化的道理。

五、观察天道安排人之道

《易经》最重要的是"立人道"。"人道"有什么特色？"人之道"的特色跟万物不一样，因为万物是有规则的，有规则的叫作自然规律；有规则的、自然的，就是必然的。例如，我手上拿着一只手表，我的手放开，表自然掉下去，也可以说"手表必然掉下去"。所以黑格尔说："自然的就是必然的。"

人的生命不一样，身体属于大自然，饿了一定要吃饭，渴了就要喝水。但是人的特色在于有"自由"，"自由"两个字一出现，天下的问题就出现了，天下就麻烦了。因为人有自由，所以有选择的可能。选择需要先认知，认知恐怕会有错误。认知的错误、选择的错误，加上各种偏差的考虑，包括欲望在内，到最后使得天下大乱。

所以古人发现，自然界的规律在人的世界不一定适用。有些人宁可饿死，也不去抢钱、抢面包，因为他认为"饿死事小，失节事大"，这是一种选择。但也有些人说："我才不那么笨呢，好歹也要吃饱了再说。"于是他拼命用非法的手段或其他方式让自己吃饱。

有人饿死了，有人吃饱了，但是从后代看来，都一样是死了，人没有不死的。所以，你就要问：你要用什么方式让自己活下去？这个方式需不需要考虑到正当性呢？还是说活着就好？

一般的生物活着就好，没有比活着更重要的事。有的生物虽然会放弃生命，但那是为了繁殖。一般的生物只为两件事："活着"和"繁殖"。人类不一样，可以为了某种理由、理想而牺牲、奋斗，在所不惜。

若要安排"人之道"，就要明白自然界有它的规则。而人的世界，身体方面属于大自然，另外还有特别属于人的部分。从西方的观点来说，前者是"实在的情况"，后者是"应该的情况"。人之所以为人，是因为有自由可以选择，但选择的标准何在？人又为什么要行善避恶？况且行善很困难，为恶很容易。

人一旦顺着本能及欲望发展，想怎么发展就怎么发展，最后的结果就是为恶。若要行善，必须时常提醒自己，儒家称之为"慎独"。就好比一个人在房间，却有五个人看着你一样，"十目所视，十手所指"，这种压力很大。为什么要这么辛苦？辛苦的压力是从外面来的吗？不然。如果讲外界的压力，那不叫儒家，那只是别人在约束你。真正的儒家强调由内而发，由自己约束自己。因为"人性向善"，自己由真诚引发自我要求。所以，儒家思想对于《易经》这个理想的发挥，是最自然、最正常的。

道家也学《易经》，例如，"柔弱胜刚强"。很多时候你可以发现，从正面不见得能达到效果，从反面等待一段时机，说不定可以产生到很好的效果。道家比较偏向这一方面。所以，我们谈到"观察天道安排人之道"时，也和"义理"相关。

六、《易经》如何解惑?

古人如何解决疑惑? 例如，古代的天子要如何决定该不该迁都呢? 迁都关系到国家命脉，一般人都不愿意迁居。好不容易买的房子，一迁居，房价跌了怎么办? 古人也一样，也喜欢安居乐业。

古代天子有困惑时，需要参考五个方面的信息: 第一，自己思考怎么做; 第二，与专门负责的大臣商量; 第三，跟老百姓商量。我们很难想象古时候也有民意调查，天子也要询问老百姓的意见，派人到市场上跑一跑，收集一些资料。

以上这三方面都跟人有关，也就是: 天子自己想清楚，请大臣一起来开会，然后再询问老百姓的意见如何。

第四是杀龟占卜。古代的乌龟真倒霉，只要壳长到五尺以上的，都很危险。用龟壳占卜时，譬如要不要打仗，就杀一只龟，在龟壳上刻"战"和"不战"，然后放在火上烤，哪一边先裂开，就按照哪边说的做，因为那代表上天告诉你要不要打仗。

事实上，这是一个有关士气问题的方法。国君本来就可以下令打仗，下面的人谁敢违抗呢? 但是光靠一个人下命令，底下人没有信心是不行的。底下人甚至会认为国君是与对方国君感情不好，要去报仇，才将他们当牺牲品。因此，为了避免这种不必要的人心浮动，就要占卜，用龟壳来占。

但是用龟壳占不太理想，因为可以事先在壳上做手脚。知道国君喜欢打仗的，就在一边用力刻深一点，火一烤先裂开，就按裂开的一边去做。

第五，就是使用《易经》。用《易经》占卦又叫占筮，"筮"是古代的一种蓍草，现在已经很难找到这种草了，只能从古人的描写中得知。这种草叫作"神物"，是"天生神物"，很灵验的一种东西。这是《易经》里面所提到的占卦方法。

古代有"太卜之官"，专门负责占卜。你说这是迷信吗？我认为不是。当你已经思考过了，把人的智慧都用尽了，但是人的思考再怎么样都会百密一疏，都会有盲点，都会有执着。经过鼓动、宣传、介绍，大家就想"好"的一方面，而忽略了"坏"的一方面，最后谁负责呢？所以就要靠"卜"与"筮"，即靠"占卜"、"占筮"。

这五种方法合起来之后，一定是不一样的结果，不可能五种完全一致。但不可能又要迁都、又要打仗，所以还要看你问的是国内的事，还是国际的事？是自己内政的事、还是外交的事？必须视情况而定，将所有结果列出来之后，就要看哪几个支持、比例如何。这是古时候的方法，代表《易经》本来在古代就是用来"占筮"的。

占筮的基本原理是鉴往知来，让你避开盲点与执着。《易经》最重要的是"观天道以立人道"，这是讲"义理"方面——人类应该如何生存。我们知道，人类生存当然希望趋吉避凶，希望所有的吉祥都能降到自己身上，所有的凶恶、凶险、灾难都不要来。

但是没有那么简单的事，因为一切在变化之中。当你认为一切都很顺利的时候，接着就会开始出现凶险；当你最近一切都不顺，说不定很快就会转变，接下来就是幸福了。

这是《易经》的观念，后来老子所说的一句话，就很符合这个道理："祸兮福之所倚，福兮祸之所伏。"（《老子·五十八章》）灾难旁边就靠着幸福，幸福底下就藏着灾难。因此，当你正处于幸福之中，就要小心居安思危；当你正在受苦受难，不要悲伤，旁边就靠着幸福；你终于撑过去了，雨过天青，幸福由此开始。这就是受到《易经》的启发，说明宇宙万物都是在变化之中。

七、在变化中保持优势

那么，如何在变化中始终保持优势呢？《易经》会告诉你，把焦点拉回自己身上，保持主动性，让自己始终处于优越的位置。例如，你现在很顺利，那就不要骄傲，应该要准备失败的来临。当你准备好了，失败就不会来了。当你遭遇低潮的时候，赶快充实自己，等待机会的来临，随时把握住它。

《易经》讲到变化的道理，很符合我们实际的生活经验，非常深刻。我们讲："天道无吉凶。""天道"是由六十四卦整个系统所构成的，是没有吉凶的。如果你说这个卦不好，但《易经》里面有些卦本来就代表困难的处境，譬如四大"难卦"之中，有一卦叫作"困卦"（䷮）。"困卦"代表水在沼泽底下流走了，"泽水困"，上面是沼泽，水到底下去了，沼泽空了，代表山穷水尽了，这就是困难的卦之一。遇到凶险时该怎么办？这时候就要知道"天道无吉凶"。

这么说来，《易经》可能每一个卦都是好的吗？其实人与人相处，都是在比较之中，只有相对的好坏，没有绝对的好坏。若要经常保持优势，最好的方法就是"修德"，也就是掌握到"天道无吉凶"的道理。

人的吉凶来自欲望，化解欲望就没有吉凶问题。别人认为不好的，你不在意，因为你化解了欲望。欲望若是太强，就会与人竞争、斗争，到最后产生战争。一旦消解欲望，别人认为不好的，我们不这么认为，便能欣然接受。但是我们本身有一种自处的态度，有一种处在困境里的方法，亦即修德行善。

可见，《易经》给我们的启发，对读书人来说，真的是良师益友。我自己学习《易经》的心得，在经验上来说，是大学时代老师教《易经》时所提到的一小段——乾卦的《文言传》。当时老师读得津津有味，我们听得头昏脑涨，因为才大学一年级，完全不知道《易经》是什么。当时只知道乾卦是一个卦，六条线都是阳爻，谁都会画。但相同的线，意思却不一样，因为在不同的位置，就有不同的情况。

大学时代了解的是很简单的东西，后来听别人说《易经》很神秘，觉得很有道理，但就是不知道怎么有道理。再后来看到"先天八卦图"和"后天八卦图"，觉得很有味道，里头还包括数字的对照，但依旧不知道是怎么一回事。

我也没有时间多想，就先研究儒家、道家，因为它的文本比较容易了解。例如，我读《论语》，看历代两千多年四百多家注解，把这些注解都看完了，自然就懂了。问题只在于对每一句话如何选择正确的注解，由此构成一个完整的系统。

到了五十岁的时候，我想到孔子说的话："加我数年，五十以学《易》，可以无大过矣！"（《论语·述而》）孔子说："让我多活几年，到了五十岁可以专心研究《易经》，将来就没有大的过失了！"

孔子学《易经》，目的是希望将来没有大的过失，这说明什么？人活在世上，小的过失是难免的，大的过失为什么可以不犯呢？因为学习《易经》就可以避免。

孔子说这些话很实在，也很谦虚。儒家的思想在《易经》中有很清楚的表现，有人说儒家讲"人性本善"，其实不然，孔子这句话就是证明。他五十岁开始研究《易经》，只希望不要有大的过失，小的过失还是很难避免。

可见"人性本善"是句空话，不实在。孔子的修养到七十岁，才能"从心所欲不逾矩",代表他七十岁以前"从心所欲",想怎么做就怎么做,可能会违反规矩、礼仪、法律。

从这些地方可以知道,孔子很重视《易经》。司马迁曾说孔子"读《易》,韦编三绝"。那时的《易经》是刻在竹简上、用绳子绑起来的,绳子断了三次,就知道孔子有多用功了。

古代读书人,《易经》都是放在案头,每天有空就翻一翻。"闲坐小窗读《周易》,不知春去几多时?"(宋叶采《暮春即事》)打发时间最好的方法是看《易经》,因为怎么看都看不太懂,但是又很有趣。每种卦象都有某种象征,有的跟实际的事物很像,例如鼎卦(䷱),看起来就很像古代人烧饭用的鼎。但是到底是先有鼎再有鼎卦,还是先有鼎卦再有鼎呢?在古代来说,这些都是很有趣的问题。

还有其他许多卦,看样子就知道它所代表的是什么东西,一想就知道它的主要含义是好还是坏,这些我们稍后会做说明。

八、我学习《易经》的经历

学《易经》不能心急,一定要给自己至少一、两个小时的时间,把最基础的八卦完全弄清楚,将来再看六十四卦的时候,就知道都是由两个基本的卦所组成。例如,三条阳爻就是一个基本的乾卦(☰),像这样的有八个(乾☰、坤☷、震☳、兑☱、坎☵、离☲、巽☴、艮☶），然后再合成八八六十四卦，成为完整的卦象。这时候每个卦都是六爻，就比较复杂了。

我五十岁开始学《易经》，照着朱熹的方法"乾坤屯蒙需讼师"，即把卦序歌整个背下来。背下来之后，还要做简单的测验，别人随便说哪一卦，我就要把卦象画出来，不能画错。学《易经》得来的乐趣，真可谓学会终身受用，非常有趣。

有一次，我碰到一个年轻人，他在企业界工作，他说他去年算命算到师卦（☷☵），问我好不好。我于是把师卦画下来给他看，跟他说："你现在的情况，代表很多人支持你；做生意当然需要有人支持，师卦代表众人。但另一方面，出现了竞争的对手，所以你有压力。因为师卦也代表战争——商场上的竞争。"

他一听，就说我讲得真准。我也不知道哪里准，我只是把《易经》基本的道理弄懂了，每一个卦基本的卦象和它所象征的实际情况了解了，他一问，我就为他说明。这些基本上都是常识，我们每个人都有权利了解《易经》，而今天，我们就要善用这个权利。

针对《易经》，我借由以上做了一个简单的介绍，希望能把《易经》这本一般被认为天书的经典，用最简单的方式来说明。在这里，需要的是用心专注，要知道基本的八卦怎么画，这部分我们会陆续加以解释。

九、如何理解《易经》的占卦？

从宋朝的程颐开始，完全侧重义理方面，认为《易经》不能谈占卦这一部分。但事实上孔子也占过卦，他在四十几岁的时候，考虑要不要做官，于是占卦。占到贲卦（䷶），贲卦指的是装饰品。孔子一看，做官只是装饰品，只是好看，没什么用，于是便退下来，删《诗》、《书》，订《礼》、《乐》，赞《周易》，作《春秋》。

后来他官做得不错，又发现有阻碍、有困难了，怎么办呢？占卦。换句话说，占卦是在你理性不能解决的时候，用来求助于超理性，而不是非理性。《易经》显示超理性的神奇妙用，古人作《易经》时本来就有使用"象数"作为独立的一部分。孔子一占之后，占到旅卦（䷷）。"旅"代表旅行，出去旅行吧。他于是不做官了，出门旅行十三年，周游列国。

孔子难道非占卦不可吗？说实在的，我们很难再回溯以前的状况。只用理性思考的话，很容易陷于主观，因为主观有一种愿望，让你最后心想事不成，导致忽略了其他因素。而《易经》最主要就是让你知道天、地、人，知道同时发生的所有情况。

一般人看问题，都是因果式的：过去有原因，现在就有结果。现在做的事是原因，将来就会有结果，这是单向式的发展。而在《易经》当中，注意的是同时性的发展，不再只看历史性、时间性。过去不再回来，所以要注意同时性，现在的情况如何、什么事同时发生，都有互相对照的价值。

譬如观察整个世界的局势，单看过去的历史是没有用的，那都已经过去了。但若从现在观察整个国际的形势，就知道我们在什么位置、要往哪里走，这叫作同时性的思考模式。

在《易经》里面，很多时候你参考历史数据及别人的经验还不够，因为另有其他因素是你不能控制的。这时候占卦，等于是得到全方位的信息。孔子这两次占卦，是出于后代学者的记录，不见得有明确的证据，只能反映出利用《易经》占卦之后，得到的信息和后续的发展可以相互配合。平常不需要占卦，理性思维可以得到结果的，就没有问题。

荀子说："善为易者不占。"（《荀子·大略篇》）真正懂得《易经》的人是不占卦的，因为他了解"修德在己"。占卦的话，有一半是求助于鬼神，还不如自己修德行善。很多时候，人有理性，总希望知道将来该怎么办。

譬如，问现在做这个决定好不好，这其中变量太多了，若现在下了这个决定，没有问题，所有人都说好，但你怎么知道过几年会发生什么事呢？譬如忽然来一个疾病，像SARS，或忽然来一个地震，那是没有人可以预测得到的。在国内没有问题，但国际上会发生什么事，谁知道呢？在地球上没事，碰上彗星撞地球，该怎么办呢？

像这种事是没有人可以完全了解的，如果说"尽人事、听天命"，但就《易经》来说，不能盲目地听天命，还是可以有很多种方式来解决困难。

十、占卦容易解卦难

《易经》占卦很容易，解卦很困难。历代古人在解卦的时候，就出了问题。这个卦这样解、那样解，好像都说得通，但往往事后才会发现应该怎么解才对。这都没有关系，本来就需要做功课。最后都会有结果出现，这个结果为什么可以准确呢？这就要回到周文王了。

周文王曾经被商纣王关在羑里七年。各位知道坐牢的好处是什么吗？可以读书。反正不能到处走动，有人供吃供住，看着你，不让你离开，那么你就只能读书，专心思考。

周文王在七年之内，为《易经》的六十四卦，每一卦写一句话；每一卦六爻，总共三百八十四爻，每一爻写一句话。他总共写了六十四句话，加上三百八十四句话，这就是《易经》卦辞、爻辞最基本的部分。

现在流传下来很多《易经》的书也很有趣，例如日本有位学者研究《易经》很透彻，他也是因为坐牢七年，出狱之后写了一本解卦的书，写得不错。同样是七年，所以若问学《易经》大概要花多久时间，我们心里也有数了：大概必须专心七年。

每个人解卦的方式都不一样，我们现在一般按照朱熹的方法，但也有另外不同的理解。学《易经》时要双方面兼顾：一方面是义理，做人的道理，以修德为主；另一方面是占卦，譬如你有困惑，一时想不通该怎么办。

中国传统一向是两方面兼顾，今天我们谈《易经》的时候，不用特别排斥占卦的部分，但也千万不要只把它当作算命、占卦的一种工具。若只用来占卦，最后将会违反它的道理。

提到占卦，我以三句话作为格言：

（一）不诚不占。没有诚心不要占。

（二）不义不占。不是你该占的不要占。例如，我要占问你有没有私房钱，这就是不义的事，不是我该问的事。

（三）不疑不占。有疑惑时，理性可以解决的就不要问了，理性实在是不能解决、两边为难的再问。

"不诚不占"、"不义不占"、"不疑不占"，把这三点合起来，就知道荀子为什么说"善为易者不占"了。有人说研究《易经》到最后，人会变得"絜（xié）净精微"，意思是研究《易经》心思要非常单纯，思想上非常的透彻。另外还有一个毛病，叫作"贼"。"贼"不是小偷，而是表示你想太多了，到最后恐怕偏离了人生的正途，那就非常可惜了。

【余韵】

古人研究《易经》有各种说法，我们当今二十一世纪，要取其研究的正面优点和心得来加以学习、运用。基本的道理就是最后要回到自己身上，培养以下三点：

第一是德行。德行、修德是永无止境的。举例来说，本来有很多欲望，经过修德之后，欲望调节了，化解了，哪里还有吉凶的问题？就算别人认为不好，但只要自己可以接受就好。

第二是智慧。很多事在判断的时候，不要自以为是，要能开阔心胸，接受各种信息，然后再做出一个比较完整、合理的判断。

第三要培养能力。从《易经》可以让你对做人处世有不同的应对，对待许多事情的发展，你都有更高的能力表现。

【《易经》小常识】

基本八卦（八经卦）的口诀

乾三连（☰），坤六断（☷），

震仰盂（☳），艮覆碗（☶），

离中虚（☲），坎中满（☵），

兑上缺（☱），巽下断（☴）。

《易经》六十四卦卦象图

横排上卦 竖排下卦	☰ 天	☱ 泽	☲ 火	☳ 雷	☴ 风	☵ 水	☶ 山	☷ 地
☰ 天	乾卦	夬卦	大有卦	大壮卦	小蓄卦	需卦	大蓄卦	泰卦
☱ 泽	履卦	兑卦	睽卦	归妹卦	中孚卦	节卦	损卦	临卦
☲ 火	同人卦	革卦	离卦	丰卦	家人卦	既济卦	贲卦	明夷卦
☳ 雷	无妄卦	随卦	噬嗑卦	震卦	益卦	屯卦	颐卦	复卦
☴ 风	姤卦	大过卦	鼎卦	恒卦	巽卦	井卦	蛊卦	升卦
☵ 水	讼卦	困卦	未济卦	解卦	涣卦	坎卦	蒙卦	师卦
☶ 山	遁卦	咸卦	旅卦	小过卦	渐卦	蹇卦	艮卦	谦卦
☷ 地	否卦	萃卦	晋卦	豫卦	观卦	比卦	剥卦	坤卦

注：1. 上表中两单卦合二为一，成六十四卦，如上卦"天"，下卦
"地"，合成"否卦"；上卦"火"，下卦"风"，合成"鼎卦"。

2. 其中，八种自然现象又代表八个经卦，即分别为乾（天）、兑
（泽）、离（火）、震（雷）、巽（风）、坎（水）、艮（山）、坤（地）。

第二章 《易经》的由来

说到《易经》的由来，是个非常枯燥的问题，会涉及许多古代历史。但是《易经》对我们中国人来说，确实是个值得珍惜的宝贝。

我在美国读书的时候，有一个念化学的台湾学生，经常抱怨他的指导教授。因为教授规定每星期三下午化学系的研究生都要聚会，聚会时什么都可以谈，就是不可以谈化学。这下糟糕了，这位仁兄从小喜欢化学，除了化学什么都不懂，所以一到聚会就没话说，经常被人嘲笑。

后来他向我求助，他说："你不是中国人吗？中国不是有悠久的文化吗？能不能帮我忙？"

我便对他说："好吧，我给你一个法宝。"我拿一张纸，画了一个先天八卦图给他，然后解释八卦——乾、坤、震、艮、离、坎、兑、巽，针对的是：天、地、雷、山、火、水、泽、风。我大概讲解了这八个符号的象征意义，代表八种自然界的现象，而这些现象的组合会构成六十四种状况。

他听懂之后，把图拿去复印了几十份，第二个星期三下午聚会时，就发给每一个人。大家一看，对他都非常尊敬，为什么？因为看不懂。于是大家请他帮忙解释，他就照我解释的说一遍，用符号代替真实事物，符号的组合代表事物的变化。符号组合成六十四卦，再加上三百八十四爻，等于是六十四个大的状况、大的趋势，以及三百八十四个位置。你在什么位置，你应该怎么办？这些人生的问题大致都含括在内。

讲完之后，那些外国老师与同学都对他非常佩服。有人问他这是多久以前画的东西？他说大概五千多年前吧。外国人听了更佩服了，因为五千多年以前，外国人的祖先还在玩"泰山"的游戏，而中国已经有这样的八卦图出现了。

一、《易经》形成的三个阶段

《易经》为什么可以推到四五千年前？它反映了人类在蛮荒之中、蒙昧之中，开始创造文明的基本过程，研究中国古代历史不能忽略这一段。

一般说来，《易经》经过三位圣人，第一位是伏羲氏（庖牺氏），第二位是周文王，第三位是孔子。我们常说的上古时代的有巢氏、燧人氏、伏羲氏、神农氏，其实代表了四个生活阶段。古人过的是群体性的生活，从伏羲氏开始有渔猎社会，开始有畜牧，养殖一些动物。到了神农氏，就变成农耕社会，接着就是黄帝。

伏羲氏如何画出基本的八卦呢？想象一下，在开天辟地之后，人类在这个世界上如何生存？所有的一切都是最原始的，也没有任何工具的发明，如果要到一个地方去，要知道这个地方是好是坏，该怎么做记号呢？就用结绳的方式。发现好地方或好机会，绳子就不打结，代表阳爻；发现地方不好或者危险的情况，就在绳子中间打一个结，代表阴爻，中间已经断了。然后每三个连在一起，或六个连在一起，变成一个完整的现象。其他人看到这些结绳的记号，就会对前面的状况有个整体的了解，从而判断是好还是坏。

这说明了古代没有文字，也不可能有任何其他的方式，更没有书写的工具，只能用最原始的方法留记号。所以，从伏羲氏就开始运用这种做记号的方式，因而出现了最原始的八卦。八卦出现之后，接着就是八八六十四卦，这些在伏羲的时代都已经展现出来了。

接着，周文王为每一卦写一句卦辞，每一卦的六爻各写一句爻辞。后代很多人说卦辞、爻辞里所记载的数据，有一些是在周文王以后所写成的，因此我们可以说是周公帮忙完成的，他们父子两人合作完成卦辞和爻辞。从伏羲氏到周文王，《易经》始成。接下来是孔子和他的代代学生，合作第二部分的《易传》，这就是《易经》本身写成的过程。

二、《易经》系出忧患意识

这些先哲们写《易经》的目的，是因为人有忧患意识。例如周文王的时代是在商纣阶段，当时商朝要结束，周朝要兴起。这时候难免会担心，因为天下乱的时候，谁知道将来是否平定呢？如果一直乱下去就不可收拾了，人类就要面临毁灭了。

为什么需要忧患意识？假设你家门前种了一棵树，你且不去管它，在阳光、空气、水的作用下，这棵树自然会成长。其他生物也一样，天上的飞鸟有窝巢，地上的狐狸有洞穴，你根本不用担心，万物自生自灭。但是人不一样，人如果跟其他动物一样自然成长，就会变成很奇怪的东西了。

换句话说，人不能离开人的社会，而人的社会需要有某种教化。在德国，曾经发现一个狼孩子，生下来就在野外被狼叼走了。后来被猎人抓到之后，从他的骨骼、牙齿可以看出他已经十六岁了。十六年来，他一直与狼生活在一起，他跑步的姿态、叫的声音，都和狼一样。被人救出来之后，用人类的方式怎么教都没有用，几年后就死了。

这说明什么？人不能放在自然界任其自由发展，自由发展等于是没有人的生命。人类这种生命是最特别的，从身体结构开始，最重要的是心理。人能够学习、能够选择，这就让人担心，因为人的本能决定了他会替自己考虑。替自己考虑，如果没有限制，到最后就会变成损人利己、以私害公。

而其他生物很单纯，假设一只熊抓到一只兔子，它不会说今天手气不错，多抓几只存起来；它没有这种观念。狮子顺利抓到一只羚羊，也不会说今天手气不错，可以多抓几只，明天就可以放假了。狮子没这种观念，它每天填完肚子，吃完弱小的动物之后就休息，饿了就继续捕捉动物充饥。被抓的动物不是可怜、委屈，而是淘汰了。弱者被淘汰，留下来的是比较强的品种，这就是生物界的食物链。

但人不一样，人如果这样，欲望就会发展到无限的程度，譬如强凌弱、众暴寡，天下就不成为人的世界了。因此，古代的帝王、真正的领袖，一定要有忧患意识。譬如，如何让人遵守某种规范、互相帮助？因为人都有弱小的时候，小时候需要照顾，老了也需要照顾，不能只看中间这一段。只看中间这一段，大家都很厉害，年轻力壮，为所欲为。

古代这些政治领袖制作《易经》，是因为"忧患"两个字。我们也常说："生于忧患，死于安乐。"（《孟子·告子下》）在忧患中可以生存，在安乐中人恐怕就会灭亡了。这是中国儒家一贯的思想，这种思想非常正确，到今天也是一样。如果一个人没有受到好的教育，后果不堪设想，他能力越强，对社会危害越大。

古代《易经》的由来，可以说与这几位领袖人物有关，与他们的忧患意识有关。到现在还是一样，我们经常提到《易经》里的"居安思危"，在安定的时候要强调危险，太平的时候要防范乱世。如此一来，才会珍惜和平，才会长期保持平安、健康的状况。

三、《易经》所描述的古代历史

《易经》所描述的古代历史，跟我们今天所想象的古代历史是否有落差呢？我们先来看看《易经》怎么描写。《系辞传》中说：

古者庖牺氏之王天下也，仰则观象于天，俯则观法于地，观鸟兽之文与地之宜。近取诸身，远取诸物。于是始作八卦，以通神明之德，以类万物之情。作结绳而为网罟，以佃以渔，盖取诸离（☲）。庖牺氏没，神农氏作，斲木为耜，揉木为耒，耒耨之利，以教天下，盖取诸益（☲）。日中为市，致天下之民，聚天下之货，交易而退，各得其所，盖取诸噬嗑（☲）。神农氏没，黄帝、尧、舜氏作，通其变，使民不倦，神而化之，使民宜之。《易》穷则变、变则通、通则久。是以"自天佑之，吉无不利"。黄帝、尧、舜垂衣裳而天下治，盖取诸乾（☰）坤（☷）。刳木为舟，剡木为楫，舟楫之利，以济不通，致远以利天下，盖取诸涣（☲）。服牛乘马，引重致远，以利天下，盖取诸随（☲）。重门击柝，以待暴客，盖取诸豫（☷）。断木为杵，掘地为臼，杵臼之利，万民以济，盖取诸小过（☲）。弦木为弧，剡木为矢，弧矢之利，以威天下，盖取诸睽（☲）。上古穴居而野处，后世圣人，易之以宫室，上栋下宇，以待风雨，盖取诸大壮（☳）。古之葬者，厚衣之以薪，葬之中野，不封不树，丧期无数，后世圣人易之以棺椁，盖取诸大过（☷）。上古结绳而治，后世圣人易之以书契，百官以治，万民以察，盖取诸夬（☱）。

　　首先上场的是伏羲氏（即上文中的"庖牺氏"）。古代伏羲氏统治天下时，抬头就观看天体的现象，低头就考察大地的规则。上面是天，底下是地。天有天体，如太阳、月亮、星星，还有风云变化。古人认为"天圆地方"，天体的运行是有规则的，有规则代表"去而复返"，一定是圆形的。地本身看起来无穷尽，往东南西北哪一方看，都好像平的，也就是"地方"。所以，古人认为"天圆地方"，跟观察天体有关。

　　天体的变化过程，造成昼夜这种自然现象的出现；地有山川、沙漠、高原，还有平地，各有不同的规则。再仔细检视鸟兽的足迹和花纹，以及山川地域的各种特性。伏羲氏了解这些之后，再根据自己的经验，参考各种事物的实际情况，着手制作八卦。

　　从伏羲氏统治天下，到着手制作八卦，中间的过程就是仔细观察。前述之所以提到"观察天道安排人之道"，就是因为在开始面对世界的时候，一定要先了解这个世界，了解之后才能够选择一个更好的方式，配合天时、地利，好好生存下去。后来农业社会的春耕、夏耘、秋收、冬藏，也是类似的道理。

　　伏羲氏制作八卦有什么用处呢？首先，是用于会通神明。古人对于很多无法解释的事，就归之于神明。譬如，宇宙为什么要出现？人类为什么要发展？人类为什么是这样而不是那样？这只能说是神明的安排。所以，人必须要了解神明的功能。

其次是用象征的方式，"比拟"万物的实况。要了解世界，看每一卦的变化就够了，等于是"以简驭繁"，用简单来说明复杂。

为什么说《易经》是哲学呢？西方也是一样，西方第一位哲学家是古希腊的泰勒斯，他说宇宙的起源是水，用水的变化来解释世界的变化。很多东西是火、是土、是风，跟水有什么关系？他提到，把水烧开就变成气体，水凝结成冰就成为固体，所以，水是液体、气体、固体统统兼具在内。这种说法虽然不是很科学，但重要的是泰勒斯作为一个哲学家，不再用神话的方式来理解世界的起源。

在当时，哲学的出发点背后是神话。以前的人用神的故事来解释宇宙万物，神怎么造世界、神怎么造人。而真正的哲学出现，是用理性在人的经验世界里，找到一个基本的材料，虽然这种说明很有限。以中国伏羲氏的背景来说，也是一样。他在观察了各方面之后，用八卦来解释，而不用具体的物质。因为具体的物质、单一的因素，很难解释复杂的变化。

伏羲氏接着开始使用《易经》里的卦。第一步结草为绳，把草捆起来变成绳子，然后开始制作罗网，用罗网来打猎、捕鱼；这代表伏羲氏时代是渔猎社会。

"伏羲"二字，我们平常理解为驯养野兽，把野兽变成家畜并加以运用。《易经》中就曾提到古人如何把野牛变成家牛：把野牛抓来之后，在牛角上绑一块木板，让牛在顶人的时候，人不至于受伤。牛顶了半天发现没有用，就不会再顶人了。因为牛角是它最好的防身武器，也是攻击武器。遇到任何东西，牛都会用角去顶。但是如果在牛角上绑一块木板，它怎么顶，人都不会受伤。久而久之，牛就放弃顶人的习惯了，开始被驯养了。

这种方法其实非常有智慧，就像印度人驯养野象。野象很大，人根本挡不住，不是它的对手，该怎么驯养呢？于是印度人就把家象和野象绑在一起，让野象觉得都是象，为什么家象这么乖。久了之后，野象也变成驯养的象了。

这是印度人的方法，我们老祖先早就在用了。对付小野牛也是这种方式，对付猪的话就更简单了。猪的獠牙很厉害，在山上如果碰到野猪，一般人只有逃命的份。野猪很厉害，古人怎么办呢？把它去势（即阉割），去势之后它就不再那么凶了，而野猪就变成我们的家畜了。

《易经》里提到这些，说明在伏羲氏的时代就知道如何制作罗网来驯养野兽，供人所用。但是不要忘了，《系辞传》特别提到一个卦，叫"离卦"。离卦本身并不是离别的意思，"离"就是罗网，从它的卦象一看就知道，像罗网的样子可以捕东西。但更重要的是，"离"代表火，这也说明了火是文明的起源。

说到这里，我想到希腊悲剧家埃斯库罗斯写的《普罗米修斯》三部曲。普罗米修斯是巨人族，他看到人类活在阴暗潮湿的世界很可怜，于是就到天上去偷火，把火种偷下来给人类。人类因为有了火之后，就开始发明各种东西；火是一切文明的开始。

但是普罗米修斯却因此得罪了天神宙斯，要受惩罚。他被绑在高加索山上，让老鹰吃他的肝脏。"求仁得仁又何怨"，普罗米修斯并没有抱怨。但这是个可怕的惩罚，每天老鹰把肝脏吃完之后，第二天他又长出新的肝脏来。

我们在此顺便引申一下这个比喻：这就好比艺术家为了创作理想，而不顾日常的生活，穷困得不得了。往往在晚上的时候，心想算了，隔天随便去找个工作吧，至少每月可以领固定的薪水，不用再画画了。但第二天早上起来，"肝脏"又长出来了，他又继续画画了。

这是以前真正的艺术家，现在的艺术家不一样了，随便画一幅画，一卖可以卖好几万元。但这样不叫真的艺术家，这跟古代艺术家完全不一样，因为画画成为商品了。

西方讲到艺术家的典型就是普罗米修斯，但他也代表人类文明的开始，从火开始。现在，我们发现在提到伏羲氏制作各种事物的开始，不讲乾卦、坤卦，而是讲离卦，也就是火。这是非常有趣的一个巧合，说明人类文明从火开始。

伏羲氏死后，神农氏兴起，开始砍削木头做成犁，揉弯木条做成柄，可以耕田、锄草，教导天下百姓进入农耕社会。这几句话开始很简单，从渔猎社会进入农耕社会。作为政治领袖，就要有发明，要发明一种器具，可以使生活阶段往前推进。

接着，更有趣的是开始建构市场，每天正午开设市集，召来天下的百姓，聚集天下的货物，大家相互交换，然后散去。最早不是用钱来买东西，是用以物易物的交换方式，每个人都可以得到自己最需要的东西。

为什么要在中午呢？因为"是"这个字，"日""正"为"是"，太阳在正中间的时候，旁边没有阴影，一切都一目了然。在市场做生意，就是要一目了然，不能有任何舞弊的行为。所以在中午的时候进行交易最公平。在神农氏的时候，已经发展到这一步了。

再接着之后是黄帝的出现，黄帝之后是尧、舜，他们几个人都设法让生活充满变化，让百姓不倦怠。老百姓活在世界上，很容易觉得无聊，因为生活很单纯。

有时候看着风景，我们会羡慕古代所谓园林式的生活，好像跟自然界的美景结合在一起。其实，以前的生活并不快乐，"日出而作，日入而息，凿井而饮，耕田而食，帝力于我何有哉？"（《击壤歌》）听起来好像很愉快，太阳一出来就工作，太阳一下山就回家，凿井饮水，耕田作为粮食，天子、帝王这些跟我有什么关系呢？

但是在这里，你要想到的是辛苦，没办法休息，而且这种工作不断发展的话，最后就是五个字：重复而乏味。人最怕重复而乏味，古人也一样，黄帝时期就开始有各种花样出现了，为的是让百姓不倦怠，同时解决他们的困难，告诉他们活着比较值得。

从这里就能推展出黄帝、尧、舜的一些作为，无论如何，都要让百姓过得快乐。这个时候才接着说乾、坤两卦的出现，叫作"垂衣裳而天下治"。"衣"代表上衣，"裳"代表裙子。今天只有女人在穿裙子，但古人都穿着衣跟裳，上衣下裳。衣裳垂下来，天下治好了，"衣"代表乾卦（☰），"裳"代表坤卦（☷）。"衣"在上，"裳"在下，这才是完整的意思，所以黄帝和尧、舜让天下可以治好。

四、穷则变、变则通、通则久

学《易经》时，要特别注意一句话："穷则变、变则通、通则久。"当你穷困而没有路走的时候，就要变化，变个花样。譬如，做这一行走不通了、过时了，你就要变，不变的话就会被淘汰。变了之后就通达了，有路走了；转个弯，前面就更宽了。"通则久"，通了之后就能持久。但是久了之后呢？久则穷，再回到开始，"穷则变、变则通、通则久"，不断地轮替。

《易经》谈到政治领袖时，就注意到这些问题，"穷"、"变"、"通"、"久"，如此才能长期发展一个社会。活在世上，对一般人来说是很辛苦的，因为不明白人生的道理，光只是活着。活着做什么？我们都知道"养儿防老"，事实上却不见得能达到这样的效果。人的希望总是放在子女身上，很多人都有类似的经验，一旦有了孩子以后，看着他们成长，当孩子越小，父母的希望就越大；孩子越大时，父母的希望就越小了；等到孩子都成长了，父母也没什么希望了。

人在这个过程中，会慢慢老去，来不及后悔，来不及重新选择，人生就去掉大半了。这样的人生有什么意义？但是没办法，这就是我们所了解的实况，两三千年以来都是如此。

今天这个时代不一样了，我们要认真研究《易经》。《易经》在古代只有少数人可以学习，"不学《易》不足以为将相"，要当将军、当宰相的人，都要学《易》。一般老百姓学了《易》有何作用呢？今天要突破这个范围，每个人都要学《易》，为的是让人人都能感觉到自我生命是独特的、独一无二的、不可替代的。

我们学《易》，就是要了解古代历史怎么发展、人类文明怎么进步，而个人又该怎么办？如此才能进一步往下发展，掌握主动性，让自我生命有其内在的价值，可以修养德行，培养智慧。

我们都知道，古代读书人很少，读书变成是少数人的专利，所以很多书都是写给统治者或将来的统治者看的，一般人只能受人安排过日子。现在不一样了，现在知识普及开放，是我们学习的大好机会。

五、《易经》与古代文明的发展

黄帝、尧、舜之后，他们所建构的社会规范到底是什么？

首先开始造船，开始有水陆交通的方便。当时的人最怕碰到河流，河流水深不可测，充满危险，古人必须戒慎恐惧。所以《易经》有"坎卦（☵）"，"坎"就是水。然后也有高山，山为艮卦（☶），代表阻止你过去。如果没有爬山的工具，只好止步不前，过水则更是处处陷阱。但如果开始造船，有了舟楫之利，就可以跟远方来往。接着，就要驯服牛马，把货物带到远方，慢慢从小的部落发展到大的部落集合体。

古代就是部落的集合体，夏、商、周三代，夏朝有万国之称，有一万个部落（当然，"万"是代表一个很大的数字）。一直到周朝，才开始慢慢组成一个统一的国家，用封建的方式治国。在这以前都是部落，所以我们今天说尧、舜如何伟大，其实都只是一个部落的集合体，治理起来比较容易，他们做好事，大家都可以看到。

水陆交通方便之后，为了保障社会治安，武器与防备就陆续出现。因为有好人就有坏人，有百姓就有强盗，这是不可避免的事。这时候，百姓就需要保护，需要重重门户阻挡外面的不速之客。"不速之客"（《易经·需卦》）四个字也来自《易经》，《易经》中很多术语都是我们现在还在用的。

舟车、武器、防备都出现了，接着就要设法安居乐业，譬如盖房子。古人大多住在山洞里，像古代的"司空"之官职，就相当于今天的建设部长，负责建设。为什么司空会变成建设部长呢？因为那时在北方靠山的山底下挖洞当作住处，后来认为负责挖山洞的就变成"司空",进而成为负责建设的官职。

以前是挖洞,后来就发明盖房子住,否则住在原始的荒野或一般的洞穴是很危险的,没有什么保障。盖了房子之后,就可以安居乐业了。

再接着是丧葬仪式,因为人的生命发展到最后都要结束。根据《易经》的说法,人死了之后,就用很多柴草,把人一层一层裹起来,之后丢到荒野,也没有坟墓,更没有立一个记号,就这样不知道多少年过去了。甚至丧葬守丧的时间长短也没有规定,有的人难过几天就算了,有的人难过一辈子。这就说明了当时迫切需要有人制定一套基本的规范。

《孟子》书中有提到丧礼是怎么出现的,当然,孟子也是想象的,因为他不可能看过实际的情况。他说,上古时代,父母死了,就丢在山沟里。有一天,儿子上山经过一看,觉得很不忍心,因为狐狸在吃尸体,苍蝇、蚊子在叮尸体。做儿子的一看,父母的尸体被如此糟蹋,真是不忍心,不知不觉就冒汗了。冒汗就是因为心里不忍,于是开始有了葬礼仪式,好好挖洞把尸体埋起来。

孟子说的和《易经》所说的相互对照,就可以知道古代的情况。后来就发明了棺椁(内棺外椁),丧葬仪式也逐渐上轨道了。

接着是古代的信息问题。刚才讲过结绳记事,结绳记事就是结个绳子代表某些事情。但是它无法传之久远,隔段时间就不见了。后来发明文字,发明文字以后就可以记录,记录的许多事就变成古代历史的数据,慢慢留下来就可以对照。要衡量这个官做得好不好，如果没有过去的对照，便无从判断，因为没有数据。有数据就不一样了，老百姓可以知道以前这个官是怎么做的，因为有文字记下来了。

有文字之后，说话就不一样了，可以受教育了。但是，人类文字的发明也是很大的挑战。人生的困难常常是从认识字开始，应该说，仓颉造字之后，"天地动容，鬼哭狼嚎"。有了文字以后，人类开始进入不同的世界，文字思想的世界。

平常我们的世界就是每天的生活，今天要吃什么、喝什么、晚上要在哪里过夜？有了文字以后便开始会想，我们怎么跟别人比较、什么是比较好的方式。一切都有数据可以对照、可以讨论。

在人的生命中，文化为什么可以发展？因为可以摆脱当下的需求。如果每天只活在现在，吃了这一顿，不知下一顿，不可能有办法去发明、制作文化的产品。一定要能够共同合作，安定下来。

举例来说，我认真做桌子，做完之后，我可以拿桌子跟别人交换粮食。如果别人说："不行，我耕的田、我种的粮食要自己吃，你做桌子就自己吃桌子吧。"如此一来，这种人类生活便将无法发展互助合作，也不可能往前再进步。因此，有些人专门从事文化的发展。

关于文化发展，西方有个理论非常好，叫作"文化起源于闲暇"。什么叫闲暇？譬如，今天下午你有空，有休闲的时间，你才可能发展文化。各种文化的产品都非常的精致精美，远远超过实用的需要。如果光要实用，一个茶杯、纸杯就可以用了。但用久了之后，有的茶杯还需要美观；除了实用之外，还需要用来欣赏。

我们日常生活当中，很多今天留下来的文化古迹，都是属于这一方面——实用之外还能欣赏。因为有心有余力，就能发展休闲生活，将文化生活往更高的层次改善。如此古代文明一步步下来，就好像我们今天看纪录片一样。

六、《易经》的卦象

《易经》虽然只有八个基本的卦，但是内容相当复杂。我们只要了解《易经》里面任何一卦，一看就知道它在说什么，就不会迷惑了。任何一套学问，都有基本的术语，基本术语没有学会，凭常识去了解，永远都不能入门。相对的，把基本术语学会，就像学数学、几何时，把基本的公理、定理学会了，后面就很简单，只是运算而已。

《易经》也是一样。从伏羲氏到神农氏，到黄帝、尧、舜，都是根据《易经》里的卦象来创造发明各种生活上的必需品，此后社会才能稳定发展。这是《易经》卦象最初的应用。

我们将来讲到《易经》每个卦的时候，都要练习联想，做非常丰富的联想，因为卦象的象征是无限的。为什么一个卦、六条线，就能这么特别？因为你先订好规则，决定好每个卦代表什么，并且可以重复使用。譬如，"巽"代表木头，同时又代表风。船之所以能在水上航行，因为上面是风，底下是水；风又是木头，木头就是船，所以船能在水上航行。

慢慢习惯这一套之后，平常跟他人来往或读书时，也同样会有各种联想力，整体的学习能力也会越来越强。

七、古代圣人的条件

最后我们再参考一下古代圣人的条件。

学《易经》的目的有三：

（一）提升自己的德行。

（二）培养自己的智慧。

（三）增强自己的能力。

古代圣人具备这三个条件。第一个谈德行，只有德行高的人，才能让天下人心意相通。"德行"基本上是帮助别人，我做好事，你做好事，被帮助的人当然会觉得开心，觉得我们很了解他。

我们都知道所谓的善恶，有一个最简单的定义方法："善"就是替别人着想，"恶"就是自私自利。所以，宋朝的学者就提到"公心"和"私心"，只要你有公开的心、替别人设想的心，就是"善"；你有私心，什么都替自己着想，就变成"恶"了。

同样的，你有德行，自然而然会尊重别人、帮助别人，天下人就会与你情投意合。德行是唯一能够号召每个人来支持你的因素，否则即使能力很强，德行不够，就可能变成曹操。这样的人，天下人是不会服从接受的。相反的，你德行很好，能力不太强，照样能得到多数人的肯定。因为大家都知道，你上来会对底下的人都好。

古今中外都一样，德行是第一个条件，从儒家来解释，如此才能圆满。因为儒家讲的是"人性向善"，"向善"有一个基本原则，叫作真诚。你不真诚，所过的就不是人的生活，所做的就不是人的事，只是生物行为而已。吃饱喝足，只为自己的需要而考虑，所以跟人性无关。

一旦真诚，立刻就会发现自己跟他人之间有一种适当的关系需要去实现。我搭车时，看到老人家就会让座，为什么？因为我跟他之间的关系，他坐着、我站着比较适当。

我这么做有两种考虑：第一，将来我老的时候，别人也会让座给我；第二，不管将来会不会有人让座给我，我现在该让座，心里要求我就让。儒家讲求第二种，因为如果你讲求第一种，谁能保证年轻的时候经常让座，老了之后别人就会让座给你，这恐怕是幻想。这样一来，恐怕就没有把握，将来也不会愿意长期做下去了。

儒家讲"人性向善"，有一个重要的结果：当你行善的时候，快乐一定随之而来，这是最主要的关键。若以宗教来说，善恶的报应恐怕在来世、在将来的世界。而儒家讲善恶的报应，行善心安，心安的快乐最大。若是为恶，也许表面有利益，别人也许不知道，但是你内心放不过自己，会责怪自己，心里难过。而心里难过，就是一种恶报。

这就是成为圣人的第一个条件：以德行让天下人心意相通。

第二，有能力，才能安定天下人的事业。天下有许多事，像农田水利、开运河、造长城，都需要有能力。能力不够，长城垮塌，运河也无法航行。所以古代圣人讲求能力，这个能力一定要从基本要求慢慢磨练起，磨练之后，能力自然增强。

第三是智慧。《易经》除了德行之外，特别强调的就是智慧了。因为圣人必须为天下人判断他们的疑惑，为他们解除困惑。

人生充满困惑，每个人都是如此，尤其是年纪大的人，常常要回答年轻人的问题。回答不出来，代表你智慧不够，因为对方的问题不见得是你都经验过的。如果经验过，当然可以回答，这很容易，因为自己有经验。但是很抱歉，人怎么可能具备各行各业的经验呢？各种人生的经验如此复杂，你怎么可能完全具备。

孔子说："有鄙夫问于我"，有一个乡下人问我；"空空如也"，代表这个人非常诚恳老实的样子；"吾有知乎哉，无知也"，我有这个智慧？我有认知吗？其实我也是无知的。（《论语·子罕》）

孔子说自己是无知的，这跟西方的苏格拉底可以相呼应。苏格拉底表现得极为精彩，他曾说："神说我苏格拉底最聪明，是因为所有人里面，只有我一个人知道我是无知的。"这听起来像是反话。苏格拉底说只有他知道自己是无知，别人连自己无知都不知道，所以比他更无知。

孔子也说过"我无知"，但若是有人问他问题，怎么办？"叩其两端而竭焉。"他会就问题的两方面，要或不要、好或不好，仔细研究，然后给对方一个答案。通常我们回答问题的方法不在于回答，而在于分析。把问题分析清楚了，提问的人也知道该怎么回答了，因为只有提问的人才知道问题的答案在哪里。这就是儒家的智慧。

古代圣人的智慧要靠判断，而天下人的疑惑该怎么解决，这就牵涉到占卦的问题了。

【余韵】

在这一章之中，我们介绍了《易经》的由来，可以说把古代历史最早的一页做了说明。从最早的伏羲氏到尧、舜的阶段，可以看到文明的演化，一步一脚印慢慢走过来。其中关键是忧患意识，所以制作《易经》、制作这些卦象的人，心里就有忧患意识。忧患意识是儒家的特色，《中庸》里就提到："天地虽大，人犹有所憾。"人的遗憾跟《易经》所说的忧患是同一件事。

为什么遗憾呢？自然界你不需理会，它自有生态平衡，有食物链的各种安排；而人类一旦出现问题，通常都是严重且多样。人类如果没有受适当的教育，始终不能安顿自己。遗憾和忧患就在这一点上。

我们看《易经》就知道，其中原来充满了这种忧患意识，在今天来说，还是有其效的。今天很多人都会疑惑，自己活着意义在哪里？现代人什么都有了，物质生活不是问题，社会生活也已经上轨道了，但还是经常会问："人生有意义吗？"

因此，现代人抑郁症越来越严重，很多人什么都有，就是觉得生活没意思，每天好像都差不多，也没有生活的动力，感觉活着不活着差别也不大。而这就是我们要面对的问题：如何面对忧患，如何加以化解？

【《易经》小常识】

关于《易经》的传说：河图与洛书

河图洛书是中华文化、《易经》八卦和阴阳五行术数之源。相传在上古时期，龙马负图出于黄河，伏羲依此创"先天八卦"；大禹治水时，洛河中浮出一只神龟，大禹用它制成"九畴"（见《尚书·洪范》）。后世便以"河出图"、"洛出书"象征太平社会的祥瑞。

● 河图

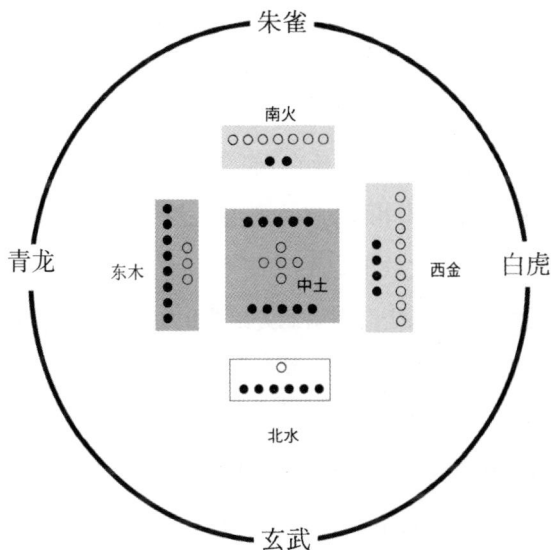

河图使用十个黑白圆点来表示阴阳、五行和四象，其图为四方形，分别为：

● 北方是 1 个白点在内，6 个黑点在外。五行为水，象为玄武。

● 南方是 7 个白点在外，2 个黑点在内。五行为火，象为朱雀。

● 东方是 3 个白点在内，8 个黑点在外。五行为木，象为青龙。

● 西方是 9 个白点在外，4 个黑点在内。五行为金，象为白虎。

● 中央是 5 个白点在内，10 个黑点在外。表示时空起点，五行为土。

其中，白点为单数（奇数）为阳，黑点为双数（偶数）为阴，阳数相加为 25，阴数相加为 30，阴阳相加共为 55，即万物之数皆由阴阳（天地）之数化生而来。

"四象"按古人坐北朝南的方向为正位，依次是：前朱雀、后玄武、左青龙、右白虎。此为风水象形之源。

● 洛书

将河图西方的八个数旋转，排成八方而为八卦，每方一个数纳地支十二气象，就是洛书。洛书的 1、2、3、4、5、6、7、8、9，阴阳和为 45，为五行天地万物生死存亡之数。

洛书将河图的四面化为八方，五行数位也相应起了变化：水一、火二、木三、金四、土五。阳数和为 9，阴数和为 6。所以《易经》卦爻中，阳爻称九，阴爻称六。阴阳数和为 15，为天地人三才五行之数。

第三章 《易经》的卦象

我自己学习中国古代经典的时候，把《易经》放在最后，因为它最难，也需要有某种生活体验才有可能理解；孔子也是五十岁才开始研究《易经》。虽然它的内容扼要，但其中的道理很深刻，需要对照生活经验才能够觉悟。

古人研究《易经》，往往把它当作老师或父母来面对，因为人到中年（五十岁）之后，父母年纪大了，老师也不在身边了，这时若需要别人给你指导、启发，怎么办呢？学习《易经》。所以，以我自己来说，会将《易经》当作我的精神导师。历代很多读书人也是一样，生活中少不了《易经》，尤其在五十岁左右。换句话说，学会《易经》，就可以得到古人智慧的精华。

接下来在这一章当中，我们就要谈到卦象了。如果不了解卦象，永远只能把《易经》当天书来看；了解卦象后，"虽不中亦不远矣"，也就是任何卦出现之后，都会知道上面是什么卦，底下是什么卦。念的时候有它特别的念法，像乾、坤这些卦，我们将来会谈到比较详细的部分，现在主要先介绍基本八卦的卦象。

一、先天八卦图

通常我们看到卦图会觉得很陌生，是因为不了解其结构。如果我们从最基础的部分去了解，《易经》六十四卦便难不倒我们。

我们经常可以在很多地方看到"先天八卦图"（见下图），看的时候，要以中间的太极图为核心，从内向外看，也就是把它的中心当作底部，由下往上看。《易经》的卦是由下往上画的，因为任何东西都应该先有根基，才能往上发展。就像小孩子慢慢长成大人，公司、企业、各个单位先从基层开始往上发展，这是一个基本原则。

先天八卦图中间是一个太极图，太极图黑中有一个白点，白中有一个黑点，称作"阴阳鱼"。鱼有眼睛，眼睛与身体的颜色是对照的，代表"阴中有阳，阳中有阴"，互相变化。换句话说，阴阳没有一定，要看你的位置而定，其本身代表一种力量，即创造力和发展力。

"先天八卦图"上面是乾卦，代表天，三条阳爻，三条横线非常充实。最底下三条阴爻构成坤卦，代表地。左边为离卦，"离"就是火，阴爻在中间；右边为坎卦，中间是阳爻，上下是阴爻。左下角是震卦，右下角是艮卦，左上角是兑卦，右上角是巽卦，阴爻在最底下的位置。

这基本的八卦又代表了八种自然现象：乾是天，坤为地，离属火，坎为水，震是雷，艮是山，兑是泽，巽为风。这就是"先天八卦图"。

二、八卦的象征意义（以乾卦为例）

基本八卦代表的意含，在《易经·说卦传》里有说明，我们先来看一下：

乾，健也；坤，顺也；震，动也；巽，入也；坎，陷也；离，丽也；艮，止也；兑，说也。

乾为马，坤为牛，震为龙，巽为鸡，坎为豕，离为雉，艮为狗，兑为羊。

乾为首，坤为腹，震为足，巽为股，坎为耳，离为目，艮为手，兑为口。

乾，天也，故称乎父；坤，地也，故称乎母；震一索而得男，故谓之长男；巽一索而得女，故谓之长女；坎再索而得男，故谓之中男；离再索而得女，故谓之中女；艮三索而得男，故谓之少男；兑三索而得女，故谓之少女。

乾为天，为圆，为君，为父，为玉，为金，为寒，为冰，为大赤，为良马，为老马，为瘠马，为驳马，为木果。

坤为地，为母，为布，为釜，为吝啬，为均，为子母牛，为大舆，为文，为众，为柄。其于地也为黑。

震为雷，为龙，为玄黄，为旉，为大途，为长子，为决躁，为苍筤竹，为萑苇。其于马也，为善鸣，为馵足，为作足，为的颡。其于稼也，为反生。其究为健，为蕃鲜。

巽为木，为风，为长女，为绳直，为工，为白，为长，为高，为进退，为不果，为臭。其于人也，为寡发，为广颡，为多白眼，为近利市三倍。其究为躁卦。

坎为水，为沟渎，为隐伏，为矫輮，为弓轮。其于人也，为加忧，为心病，为耳痛，为血卦，为赤。其于马也，为美脊，为亟心，为下首，为薄蹄，为曳。其于舆也，为多眚，为通。为月，为盗。其于木也，为坚多心。

离为火，为日，为电，为中女，为甲胄，为戈兵。其于人也，为大腹。为乾卦，为鳖，为蟹，为蠃，为蚌，为龟。其于木也，为科上槁。

艮为山，为径路，为小石，为门阙，为果蓏，为阍寺，为指，为狗，为鼠，为黔喙之属。其于木也，为坚多节。

兑为泽，为少女，为巫，为口舌，为毁折，为附决。其于地也，为刚卤。为妾，为羊。

每一个卦具体代表的意含，主要有五大部分：

（一）代表自然界的现象。例如，我们先看天下第一卦——乾卦（☰）。乾卦是三阳爻构成，代表自然界的天，天生万物；而坤卦代表地，是完成阶段。天和地分工合作，所以天代表创始的力量。在乾卦的《象传》说："天行健，君子以自强不息。""健"就代表生命力无限强大，因为乾卦都是阳爻，阳爻代表主动力，产生的力量自然很大，刚健不已。

另外，人类的观察首先就是天象，如日月星辰，尤其对日月的活动观察从来没有停过。因此，我们要知道，每一个卦都有自然界主要的现象作为其象征。

（二）代表性情。例如乾卦为"健"，刚健不已，生命力旺盛；坤卦为"顺"，代表柔顺。

（三）代表家庭关系。乾卦为父，坤为母。父母生了三男三女，也就是另外六个卦，分别代表长男、次男、少男、长女、次女、少女。

（四）代表人的身体结构。例如乾为"首"，坤为"腹"，因为母亲会生孩子，就像大地生产万物一样。其他的手、脚、眼睛、耳朵各有代表（例如震为足、巽为股、坎为耳、离为目、艮为手、兑为口）。把这些掌握住以后，将来占卦时才知道哪个卦代表什么身体器官。

八卦与人体部位对应关系图

乾为首、坤为腹、震为足、巽为股、
坎为耳、离为目、艮为手、兑为口。

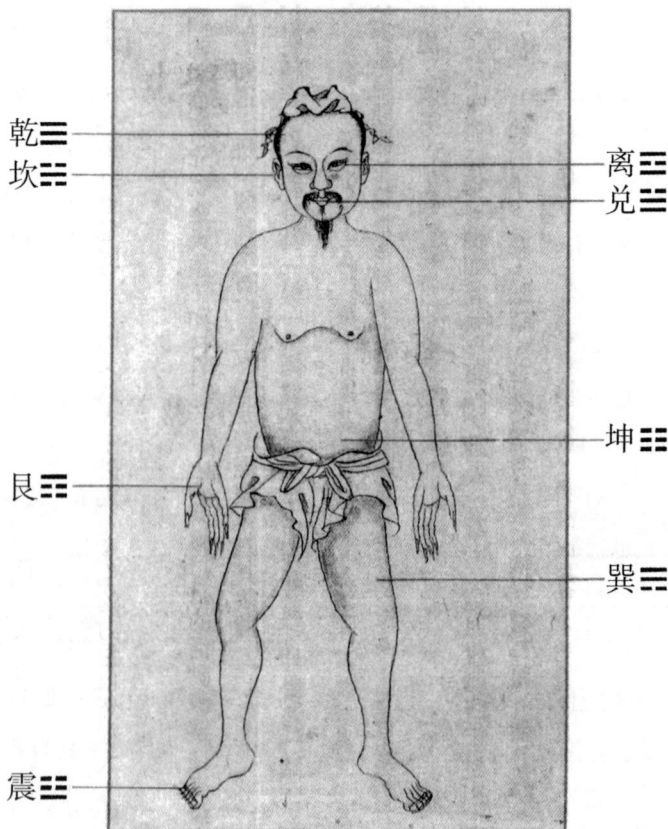

乾☰
坎☵

离☲
兑☱

坤☷

艮☶

巽☴

震☳

（五）代表某一动物。例如乾是马，坤是牛。所谓父母亲做牛做马，就是如此来的。为什么说乾为马呢？因为在古代，跑得最快、最久的就是马，马可以象征乾卦的"健行不已"。

八卦象征的八种动物

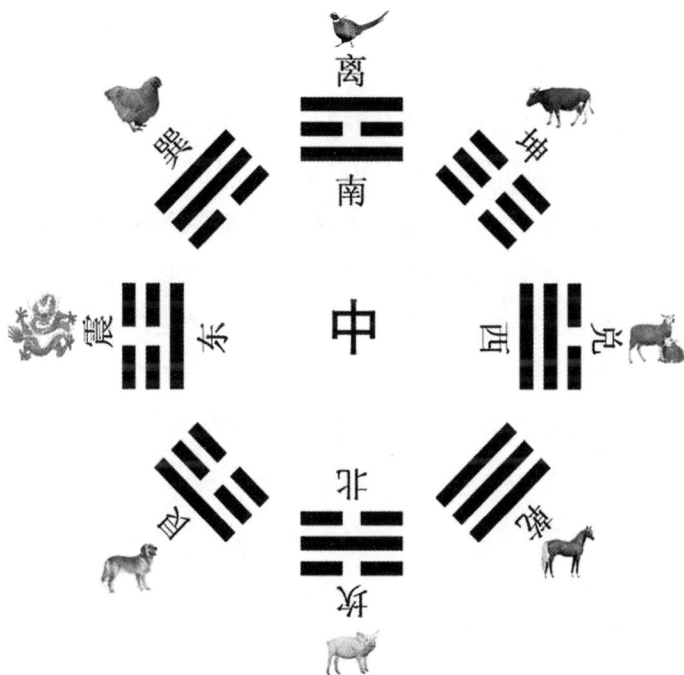

以上是从八卦的自然象征、基本性质，再延伸到人类的家庭结构和身体部位，以及周围的动物。至于底下延伸发展的象征就更多了，例如"君"。"乾"当然是国君，"坤"就是民众，有君就有臣或老百姓。乾卦也象征金、玉，代表非常贵重的东西；赤色是大红色，因为在古代红色是正色。

由此可知，了解基本八卦之后可以发现，每一卦所象征的意义都很清楚。每一个卦最基本的特征，一定都要记住，把它放在心上。因为将来看到基本的六十四卦，都是八卦两两相合，每一个卦都是六爻。我们现在看的每一个卦都是基本卦，把三爻基本卦都掌握住了，将来再加一倍，变成六爻的重卦时，就没有问题了。

例如离卦代表火，火是依附在别的东西上面的；在家庭里代表次女；身体部位代表眼睛，可以看到东西；在自然界代表太阳。像这些都要联想到。将来你会发现，用得最多的是卦象的特性，像离卦的"丽"，就会想到"依附"、"光明"，想到"大放光明"。

卦象的引申象征确实非常丰富，有时候需要联想，经过联想，就会发现原来是这个意思。这就好比生活上许多事不是一目了然，本来就有各种含义。你想东，他想西，问题是谁想得比较周全，谁就没有盲点。

三、坤卦的象征意义

接着是坤卦（☷），坤卦是三个阴爻，由下往上。坤是指地，特色是"顺从"；沙漠就是沙漠，河流就是河流，大地完全不会选择。你给它什么，它就发展什么，不论是种植稻米，还是小麦，大地完全接受，就像母亲一样。母亲是完全顺从、逆来顺受的。在家庭里面，坤卦当然就是象征母亲了，这就不用解释了。

在身体结构里，坤卦代表"腹"，也就是肚子。至于动物，就是牛，因为牛最顺从，能拉车，又能耕田，非常辛苦。再者，牛的特性也是顺从，任劳任怨。

另外，坤卦还象征"众"，即国君所辖的臣民；现在的坤卦代表民众，有国君就有大众。还有"布"，母亲要负责织布；"釜"，代表母亲要烧饭；"大舆"，大车就是牛车。古代的车分大小，大车是牛车，小车是马车，牛车可以载重，马车跑得快。

四、震卦的象征意义

为什么叫震卦呢？因为它的阳爻在底下（☳）。《易经》反映的是人类的思维模式，"物以稀为贵"，哪一个爻比较少，越少的越贵重。震卦三爻，底下一个是阳爻，上面两个是阴爻，阳爻比较贵重，所以这个卦就叫"阳性卦"，属于男性。底下第一个爻从下往上，叫作"初"，是为长男，家中第一个男孩。我们讲到女性的阴性卦的时候，也是一样的方式。

"震"代表雷，打雷是震动，让大家都注意到长男诞生了，将来要继承位置的。震卦的特性就是"动"，因为春雷乍响，万物又重新开始了生机。那么，哪一种动物最像长男呢？我们常说

"望子成龙"，因此当然就是龙了。龙也代表青色、青黄色。震卦的身体部位是"足"，"足"就是脚；也代表"大涂"，即大马路；"急躁"，耐不住安静。还包括"善鸣马"，叫的声音很响，它一叫，大家就知道它来了。

五、巽卦的象征意义

有长男就有长女，长女是哪一卦呢？巽卦（☴）。巽卦初爻是阴爻，上面两个阳爻，物以稀为贵，叫作"阴性卦"，代表长女。

巽在大自然中象征风，风代表空气，有天有地，又打雷的，当然还有空气。空气的特性是"入"，"入"即是任何一个地方都有空气，代表非常顺利，长女做任何事都很顺从。但与母亲的顺从不一样，坤卦的顺从是我顺着你，而巽卦的顺从本身没有什么立场，什么地方需要它，它就在那里，是无所不入的。

代表巽卦的动物是鸡。我们都知道，鸡和人类很亲密。测风向时，很多地方都会竖一根竹竿，上面画一只鸡的样子，我们叫"风鸡"，用来察看风向何在，因为它是巽卦。

我们的身体哪一部分属于巽卦呢？就是"股"，即大腿。"股"本身不能动，只是顺着脚走，脚怎么走，大腿是配合的，跟它作为风本身顺从、没有主张，有相当的关系。

巽卦的其他象征还有"绳直"，像木头一样直，代表"木"，树木的"木"。还有"进退"，风本身有前进有后退，没有什么特别坚持的立场。另外还有"不果"，就是没有结果，没有任何具体的成果表现。还有"近利市三倍"，如果要做生意，占卦出现了巽卦，很好，恭喜你有利可图。

这就是巽卦，它代表风，代表无所不入，非常的柔顺。但是就因为顺利，也没什么特别的结果，变成进退不定，任人摆布。

从这里我们就可以知道，每一个卦发展出来都有优点和缺点，就好像星座一样，每个星座都有优点和缺点。在家庭结构中，你总是扮演某个身份的角色，我们不能说哪个角色一定完全好。例如在古代，长子有长子的压力，因为他被寄予重任，要继承父亲的位置，压力很大，使得有时候很难发展出自己的个性。

六、坎卦的象征意义

接着，我们看坎卦（☵）。坎卦就是水，代表次男。坎卦的三爻里面，中间那爻是阳爻，上下是阴爻，显然是一个阳性的卦。

坎者，"陷也"。当你看到水的时候，不知道它有多深，有时表面好像很浅，其实里面有漩涡。所以坎代表陷阱、危险，一般看到坎卦都会有所警惕。坎卦象征人的耳朵，因为耳朵可以集聚声音，就好像水可以聚在一起，哪个地方比较低，水就聚在一起。

在我们周围的生物当中，坎卦象征"豕"，即猪。这些古代的象征，一看就知道是从渔猎社会到农耕社会的一个过程中，选一些熟悉的生物来作为每个卦的象征。我们都知道，猪喜欢潮湿、黑暗的地方，可以好好睡觉。在心理学上，次男是很难做的，上有哥哥，下有弟弟，所谓两头受气。

在其他象征方面，坎代表月亮，也代表强盗，为什么？危险。古时候人就是怕强盗，没有什么复杂的对立因素。接着，坎是"沟渎"，即水沟，人有时候看不清楚它有多深。所以碰到坎卦的时候，又有危险，又可能有强盗，令人忧愁。坎也是"美脊马"，背脊很漂亮；再者是"多眚舆"，也就是多灾多难的车子。

我们占卦的时候，有时会很紧张，希望不要占到坎卦，因为坎卦一出现，就代表不会那么平顺，会有各种麻烦。但是也不用担心，危机有时候就是转机，就看你如何去面对。这就是坎卦。

七、离卦的象征意义

接着当然就是次女了，也就是离卦（☲）。离卦三爻中一个阴爻居中，两个阳爻各居上下，以阴爻为主，是阴性卦。

离卦在自然界代表火，特性为"丽"，"附丽"，依附的意思。因为火不能独立，离不开可燃烧的材料。在路上看到鬼火在飘，那并不是真正的独立，而是因为有磷。小时候住在乡下，一到傍晚，经过坟墓区时看到鬼火，小朋友们都很紧张。长大之后才知道，那是因为坟墓里的骨头含磷，到了一定温度就会燃烧。

最像离卦的生物就是"雉"，野鸡。在古代，"雉"是很美丽的一种动物。我们刚刚提过，长女的象征是"鸡"，鸡是养在家里很乖的一种动物。而次女就不太乖了，就要当"雉"，打扮得漂漂亮亮的，反正姊姊把家务都做完了，次女就可以表现一下了。

在身体上，离代表眼睛，因为火代表光明，能让你看到东西，感受到光明。离卦也代表"日"，太阳。另外它还代表闪电，闪电就有亮光；还有甲胄、戈兵，这是打仗用的，因为水火无情，火即是战火。离卦也演变出很多复杂的东西，例如"大腹人"，也就是肚子特别大的人，因为它跟乌龟很像，乌龟可以拿来占卦、占卜。这是离卦的象征。

八、艮卦的象征意义

我们继续看最后两个卦。最后两个卦，当然就是少男、少女了。代表少男的是"艮卦"（☶），艮卦是阳爻在上，第三个位置。艮就是山，我们平常看山的时候，不会看山脚，而会看山有多高，看山的棱线；平常画山的时候，也不会清楚地描绘山脚，而是勾画山的上方。所以，上面是实的，底下是虚的，这就是艮卦，代表山。

山的特性是"停止"。古人没有办法越过高山，所以看到高山只好停下来，在山脚下筑室而居，不会想去翻山越岭。身体上什么地方可以让人停止呢？手，例如用手挡住对方接近，所以手就是"艮卦"的身体部位象征。

在我们所了解的生物里，哪一种可以帮我们挡住别人呢？当然是狗。狗可以看门，让人不再前进，这是最基本的象征。再引申就会发现艮代表"门阙"，即门坎；也代表小路，小石径路（震卦代表大马路，艮卦是小径）；还代表"果蓏"，即果实；代表"黔喙之鼠"，即嘴巴是黑色、尖尖的老鼠。

除了卦象的基本五大意含之外，后面引申的象征就很复杂了，因为这些引申象征往往具有相对性，要相对于别的卦象象征才有用。例如，长男代表龙，将来可以接位子；长女比较辛苦，代表鸡，要做很多家事；次男没人管，就当猪好了；次女就打扮得漂亮一点，当雉；少男若是当狗，少女就是当羊了。

九、兑卦的象征意义

最后是第八个卦兑卦（☱）。兑卦在自然界中代表沼泽。我们比较容易疏忽的就是沼泽，因为其他卦听起来都很熟悉，上有天、下有地；长男就是雷，长女就是风，次男就是水，次女就是火。天、地、雷、风、水、火，这些我们都很熟悉。而艮代表山，谁没有看过山呢？

兑卦代表"泽"，沼泽的泽。古时候有很多沼泽，泽与水不一样，坎卦的水是流动的，是危险的水，但是沼泽是安静的、静止的。古人或其他的生物看到沼泽都很开心，所以兑即"悦"。看到沼泽很开心，是因为大家都需要水，有水才能生活。

在家庭里，兑代表少女；人体部位代表口，因为要让别人开心，就要说话。我们与人来往，多说好话，别人一定会开心。不说话光用眼睛或其他手势，都是不够的，一定要说话，说好听的话让别人开心。

兑卦代表的生物当然就是羊了，羊最柔顺，就跟小女孩一样。这是兑卦最基本的象征。

然而，兑卦延伸的部分就比较复杂了，例如"口舌是非"。既然是口，当然会有"口舌是非"了。讲话可以讲好话，也可以是坏话，到最后传了很多八卦消息，都是从口出来的。另外还有"毁折"，说别人的坏话或是说东西坏了，都跟这方面有关系。兑卦也代表"巫"、"妾"，"妾"年纪较轻，跟少女有关。

从以上来看，就可以大概了解，原来古人真是聪明，用八个基本的卦象，将天地各种现象都表现出来了。透过阳爻、阴爻之主动、受动互相配合，不断变化，推动世界的变迁发展。

【余韵】

"先天八卦图"所代表的是一个基本的结构，古人编了一个口诀，有利于记忆："乾三连，坤六断；震仰盂，艮覆碗；离中虚，坎中满；兑上缺，巽下断。"

这个基本的八卦，我们一定要很熟悉，平常多看几遍，多想一想每个卦代表什么、在自然界是什么现象，以及它的基本性质。接着，在家庭里，它代表什么样的角色、位置，代表身体上哪一个部位，以及哪一种生物，然后引申出其他基本观念。这么一来，就能掌握到《易经》的密码，再以基本的三爻卦为基础，合成标准的六十四卦六爻卦。如此，我们就开始进入一个非常复杂而有趣的《易经》世界了。

【《易经》小常识】

关于爻的一些术语

● 内外卦

六十四卦是由八个经卦（三爻）两两相重，合成六爻卦。底下的三爻卦称为"内卦"或"下卦"，上面的三爻卦称为"外卦"或"上卦"。在念的时候，要由下而上，念成"初、二、三、四、五、上"，阳爻念"九"，阴爻念"六"。例如乾卦（六爻皆阳）要念成"初九、九二、九三、九四、九五、上九"；坤卦（六爻皆阴）要念成"初六、六二、六三、六四、六五、上六"。

● 当位

由下往上，"初"、"三"、"五"是阳位或刚位；"二"、"四"、"上"是阴位或柔位。阳爻或阴爻在其适当位置，就称为"当位"。如：初九、九三、九五，六二、六四、上六，都是当位。否则就是不当位。

● 应

内外两个小卦之间，有其相对应的爻，如"初"与"四"、"二"与"五"、"三"与"上"。两者若是阴阳相应，为"吉"。相邻的两爻，称"比"。

● 乘与承

上对下为"乘"，下对上为"承"。一般认为，阳乘阴，阴承阳为佳，反之则为不顺。

● 得中

内外两小卦皆有中位，亦即"二"与"五"。凡得中者为佳，表示言行合乎中道。

● 三才

六爻卦由下往上每两爻一组，形成"地、人、天"三才。其在空间上，可分为天道、地道、人道三个层次；在时间上，代表未来、现在和过去。

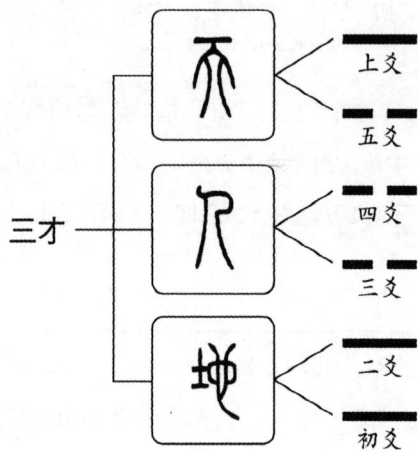

三才

	上爻
天	五爻
人	四爻
	三爻
地	二爻
	初爻

第四章　自强不息——乾卦

　　在金庸小说里，有一部叫作《射雕英雄传》，主角郭靖向丐帮帮主洪七公学习武功，名叫"降龙十八掌"。"降龙十八掌"一出手，天下没人挡得住。在"降龙十八掌"里，就有好几个掌名与《易经》的乾卦有关，像是"潜龙勿用"、"见龙在田"、"龙跃于渊"、"飞龙在天"，以及最后一招最厉害的"亢龙有悔"。

　　说实在的，就是请来金庸大侠，他也不知道怎么使出这些招式。武侠小说本来就是虚构的，各种武功描写得神之又神，大家看了很是羡慕、崇拜。但是，它基本上来自《易经》的启发，乾卦六爻有五个爻都被他用上了，变成降龙十八掌里面的五掌。今天，我们就从这里开始，详细说明这"天下第一卦"——乾卦与自强不息的关联。

一、乾卦卦象和卦辞

"自强不息"就是乾卦基本的启发。乾卦六爻皆阳（☰），代表无限的生命力，整个宇宙能够开始，就是由乾卦创始的。"乾"代表天，"坤"代表地；乾卦六爻皆阳，坤卦六爻皆阴。这两卦是最标准的、最基本的，所以我们要做比较完整、充分的介绍。其他六十二卦都是阴阳交错，或阴阳分配在特定的位置。

看到阳爻，就会想到它的基础在于乾卦，是标准六爻皆阳的阳性卦；看到阴爻，就要想到坤卦。所以说"乾、坤"是进入《易经》的门户，意思就在这里。不懂这两个卦，没有彻底了解，就不知道后来在说什么。在《易传》中，对乾坤两卦的解释特别多，比其他卦多了好几倍，目的就是希望大家一开始能掌握住基础。

乾卦六爻的念法要由下往上，即"初九、九二、九三、九四、九五、上九"。我们可以发现，第一爻跟第六爻不讲"一"跟"六"，"一"要念成"初九"或"初六"，六要念成"上九"或"上六"，其他的则是"六（九）二、六（九）三、六（九）四、六（九）五"（"九"代表阳爻，"六"代表阴爻）。这是标准念法，将来碰到任何一个卦，都要照着"初、二、三、四、五、上"来念。

"九"为什么代表阳爻？在此简单说一下。古人看数字"一"到"十"，当中一、三、五、七、九是奇数。阳代表奇数，阴就是偶数。阳爻是生命力，生命力要发展到极限，所以要以"九"为主，因为它是众奇数中最强的，因此用"九"代表阳爻。

那么，阴爻为什么称"六"，而不称"八"或"十"呢？因为阴爻是以静、安静为主，所以要趋于保持平衡，而六正好位于众偶数的中间（二、四、六、八、十），保持平衡。因此，阳爻称"九"、阴爻称"六"是这样来的。关于这些说法有很多，这里介绍的是最容易理解的一种。由此使得《易经》的读法很简单，每一爻都有它的名称。

翻开《易经》，我们会看到每个卦象之后都有一句话，这句话很短，往往只有几个字。譬如乾卦只有四个字："元、亨、利、贞。"这四个字叫作卦辞，卦辞是在说明整个卦的含义。

乾卦的卦辞，首先是"元"。"元"代表创始，就是宇宙万物的创始。只有在乾卦里，"元"才代表"创造"，在别的卦中的"元"，指的就是"开始"。其次是"亨"，代表能够通达。因为万物都来自乾卦，当然有路可走，万物都可以通达。第三是"利"，代表适宜。每个东西都有它适宜的时间和空间，都有它适宜的发展路线和方向。

再来就是"贞"。在《易经》当中，"贞"可以有两种理解：其一，"贞"就是问，占卦；其二，"贞"就是坚固，能够坚定地在自己的立场上不动。一般觉得第二种解释比较合理，因为前面讲创始、通达、适宜，后面讲坚固，代表万物可以长久发展。这就是乾卦的卦辞。

根据乾卦的卦辞，我们就可以知道它代表着无限生命力的创造和发展。接下来将介绍乾卦六爻的爻辞。每一爻都有一句话，亦即爻辞。我们且看详细的解释。

乾卦六爻详解

初九。潜龙勿用。

九二。见龙在田,利见大人。

九三。君子终日乾乾,夕惕若;厉,无咎。

九四。或跃在渊,无咎。

九五。飞龙在天,利见大人。

上九。亢龙有悔。

用九。见群龙无首,吉。

乾卦卦象

● 初九。潜龙勿用。

"潜龙勿用"意即"龙潜伏着不要有所作为"。为什么在乾卦里讲到"龙"呢?《易经》有很多"龙"吗?并没有。乾卦里讲到"潜龙勿用"、"见龙在田"、"飞龙在天"、"亢龙有悔"、"群龙无首",坤卦里也讲到"龙战于野",之后的卦就没有再讲到龙了。

前面谈过,震卦的象征是龙。龙在古代是三栖动物,在水、陆、空都可以生活。最特别的是,龙代表变化无穷的力量。作为一种生物,龙在古代真的存在吗?答案是肯定的,在古代的确有龙这种生物。如果没有龙，古人又怎么会用这个字呢？不仅如此，说到龙的时候，别人怎么听得懂、怎么沟通呢？

孔子拜访老子，是一段很有名的故事。拜访老子之后，孔子回家对学生说："我见到龙了。"他是以比喻的方式说老子像龙一样，一方面"神龙见首不见尾"，太厉害了，老子的境界太高了；另一方面是"乘风云而上天"，代表龙的特色，乘着风云到天上去了。

在其他典籍中也提到龙，但不是作为神话传说。例如在《庄子·列御寇》里写道：有一个人专门去拜师，学习"屠龙术"（金庸的《倚天屠龙记》大概就是从这里得到的启发）。这个人为了学屠龙术，散尽家财，最后终于学会了。但学会之后，才发现已经没有龙可以屠了，龙都不见了。

同样是在《庄子·列御寇》中，庄子说有一个人住在河边，他的儿子潜到河水中，找到一颗宝珠。做父亲的立刻对儿子说："拿石头来敲碎它！千金宝珠一定藏在九重深渊黑龙的颔下，你能取得宝珠，一定是刚好它在睡觉。如果黑龙是醒的，你还能保住小命吗？"

当然，这两个故事是庄子所讲的寓言，但是如果没有龙，没有人知道什么是龙，寓言讲给谁听？可见，古代的确有龙这种生物，而且还有一种水官（负责管理水生物的官），就是负责养龙的。因为龙不好养，能潜水，能到陆地，又能飞上天，到最后就找不到了。

在这一爻中，"潜龙勿用"关系到个人人生的发展。例如，你今年十九岁，还不到二十岁，不到"二"字头，就叫初九。这时应该做什么呢？读书。读书时期就不可能有所作为，这时候若要有所作为，也没有发展的地方。因为往上一看是五个阳爻，一个比一个厉害，根本无路可走。乾卦的初九，往上一看全部是阳爻，并不是只有自己是阳爻，就算有生命力，也会被上面统统挡住。所以不要急，"潜龙勿用"，慢慢修炼，时候到了，自然会有机会的。

● 九二。见龙在田，利见大人。

意即："龙出现在地上，适宜见到大人。""大人"是谁？大人就是有德行、有地位的重要人物；古人一般讲故事的时候，就会提到舜。舜的生平最重要的转机是遇到尧。尧遇到舜，知道有人可以接替他的位置，把天下治好。而舜碰到尧的时候，就是九二。

"见龙在田，利见大人"，就好比一个大学毕业生，约二十岁到三十岁之间，本身是一个人才，但经验还不够，这时就得靠人赏识。但是别人再怎么赏识，还是在二的位置，因为不要忘了，上面还有四条龙。在二的位置已经很好了，因为六爻中最好的位置是二和五。

六爻卦是两个三爻卦组成的，二位于下卦的中间，五在上卦里也是中间。中间的位置往往最好，因为不会直接接触到外面的各种挑战。所以二和五一向被认为是最好的位置。

一般来说，九二很不错，已经是"龙"出现在地上。大家一看这是个人才，适宜见到大人。有人赏识是关键，等于有君之

"德"，而没有君之"位"。像这样九二再往上，就是九五了（跟九二相对的是九五）。

我们看"初九。潜龙勿用"和"九二。见龙在田，利见大人"就知道，初和二的位置代表地。初九是在地的下面，叫作潜龙，等于是潜在地底下。一方面在地，另一方面在地的底下这一爻，所以变成潜龙。

九二不一样，也是龙，但是已经出现在地上了。在地上面这一爻，"见龙在田"，"田"就是地。同样是"地"，每一个位置却差很多。千万不要认为初九、九二差不多，其实差得太多了，就年龄来说，有时候一差就是十年。假设你今年六十岁，到了"上"了，就准备退休吧，你不退休，别人怎么上来？

● 九三。君子终日乾乾，夕惕若；厉，无咎。

意即："君子整天勤奋不休，到了晚上还是戒惕、谨慎。如此一来，有危险但没有灾难。"

在乾卦中，最上面两爻五和上代表天；初和二代表地；中间的三和四就是人。处在人的状况就是最危险的时候，因为三在下卦的上边缘，四在上卦的下边缘，在边缘就有危险，因为它有各种选择性。

同样的，人在天地之间，天地比较稳定，人在中间就可以做选择，可上可下，就看自己的做法。所以一到九三和九四，就出现很多变化的可能性。我们说自然界的阶段是必然的，到了人的阶段，就变成有自由了。

九三爻辞说"厉无咎","无咎"就是没有灾难。《易经》所谓的占卦，提到没有灾难就不错了。要想没有灾难，必须整天勤奋不休，晚上还得戒惧谨慎，就这么简单。如果没有做到这两点，将来灾难就会出现。

我们看《易经》的时候，每一个爻都会告诉你一句话，代表你在这个位置，必须看上面和底下，然后思考应该怎么做。若是不做，后续会如何发展，它也会给你一个很明确的提示。

"整天勤奋不休，到晚上还要戒惧谨慎"，等于是人生从三十岁开始的阶段。这是最辛苦的时候了，这个时候如果不奋斗，将来就不可能有五十岁以后的"飞龙在天"（九五爻辞）。也就是说，人生是一个连续的整体，可以用各种方式来看。一个人生命的发展，到三十岁出头和四十岁之前，就叫作"九三"。

整天勤奋不休，晚上还戒惧谨慎，但是还有危险，因为竞争激烈。社会上的竞争与学校里的竞争完全不一样，以学校里的竞争来说，假设在这间学校是最后一名，换到另一间学校，说不定就是第一名。而社会上的竞争，有时候成功就成功，失败就失败。所以，三这个位置特别紧张。

● 九四。或跃在渊，无咎。

意即："或往上跃升，或留在深渊，没有灾难。"

九四到了上卦，已经展现出这个卦的特色了。《易经》的卦有六爻，底下三爻是打基础的，把基础打好之后，上面三爻则是把卦的特性真正表现出来。再加上底下是一个一个从基础慢慢往上走，到了四这个位置，已经是主管阶层、王公贵族了，这时怎么办呢？还是要谨慎，因为你还处在中间的位置。

一般来说，在《易经》当中，九四的位置要特别小心，用三句话来讲就是："上不在天，下不在田，中不在人。"由这三句话就知道它的意思：九四"上不在天"，天是五和上；"下不在田"，田就是地，地是初和二，脚踩不到地；"中不在人"，为什么中不在人？九四不是在人的位置吗？因为人的位置应该踩在地的位置上，而九四在人的位置上方，也没有踩到地上。

可见，九四的位置特别紧张，"上不在天，下不在田，中不在人"若是用来形容现代人，则可以再加一句"内不在己"，也就是不知道自己是谁。

九四的位置也正是现代人的困扰，在此可以再做引申，因为这句话有很深刻的意思。现代人的困扰何在？首先，"上不在天"，与神明、信仰、祖先都好像隔阂了。有时候，你会问自己到底相信什么？人死了之后，还有不同的世界吗？你并不清楚。

"上不在天"，说明我们与我们的来源隔绝了，"下不在田"讲的是我们跟自然界的关系。现今首重经济发展，而自然生态呢？经济发展之后，自然界受到破坏，这是众所皆知的事实。

接着，"中不在人"，我们与他人之间产生了隔阂。我们平常有很多朋友，但是没有知己。或者说，大家之间都是表面上客气，其实不见得真正能有默契。最后，"内不在己"，连自己是谁也不清楚。现在很多人都有心理方面的困扰，甚至出现抑郁症。

古人已经提出，作为一个人，要特别小心，虽然到了中间的位置，各方面都稳固了，但是第四爻是"或跃在渊"，或往上走，或往下走，就在这个时候。

我们可以再引申到孔子的思想做进一步说明，孔子说他"三十而立，四十而不惑"。大多数人在四十岁的时候，会开始出现对人生的各种迷惑。以前没有迷惑，是因为以前都照规矩来，该读书就读书，该做事就做事，该听话就听话。到了四十岁，该是自己做主了，这个时候就特别困难了。该怎么做决定呢？是往上还是往下？往下比较安全，不用再奋斗；往上就得继续努力了。由此可见，到九三和九四的中间位置，特别值得警惕。

● 九五。飞龙在天，利见大人。

意即："龙飞翔在天空，适宜见到大人。"

到了九五就不一样了，"飞龙在天，利见大人"。一般人都很喜欢"飞龙在天"，我们平常说的"九五之尊"，就是从这里来的。九五是最高的位置，其上的上九就不好了，因为要准备离开乾卦了。整个卦的运动是由下往上，上面的位置高处不胜寒，因为就要被推走了。推走了之后，这个卦才能继续变化。

宇宙毕竟没有停下来的时候，所以我们在年轻时不要着急。如果太着急，一下子就到上面去，也坐不住的。年轻的时候，要等待机会。

那么，只有年轻的时候，才算"潜龙"吗？不是的，潜龙不见得一定要年轻。我们都知道诸葛亮，他隐居的时候，别号"卧龙",就跟潜龙有关。别人称他"卧龙先生",代表这只龙还没有开始运动,还没有开始飞翔,卧在那里等待机会,等到刘备三顾草庐,他才出来。

因此,一个人要懂得"潜龙",还要看时代、局势的变化。时代要是不好,即使有才华,也要当潜龙。现在很多人中年转业,原本在本行做得不错,但是因为时代改变了,"穷则变、变则通",所以要换新工作。年纪虽然不小了(四五十岁),但是换了新工作,还是从头开始——"潜龙"。

换句话说,龙潜在水里面,不要有所作为,这种说法不仅是针对年轻人和小孩子,还包括像诸葛亮这种碰到乱世或中年转业、从头开始的情况。如果不能一开始好好潜伏,等待各种条件成熟,就想有所作为的话,之后一定会有危机。

由此可知,我们看到《易经》的每一卦的每一爻时就要思考:这对我现在的处境有什么启发?

到了九五,"飞龙在天",是最好的状况了,在上卦的中间,可以统摄整个局面,底下也都得听九五的。等于是五十到五十九岁正好当上一个部门的最高主管,而眼前的阶段是之前累积的德行所展现出来的效果。

但是不要忘了,为什么九五"利见大人",跟九二一样?因为好的领袖也需要好的属下配合,否则一个人唱独角戏,也唱不下去了。可见,九二代表舜碰到尧,尧提拔他,九五代表尧碰到舜,赶快提拔他,也就是舜一来就传位。所以后代说"尧天舜日"，人们才有好日子过。

● 上九。亢龙有悔。

意即："龙飞得太高，已经有所懊恼。"往上到了上九，龙飞得太高，就好比一个人到了退休的时候，才发觉没办法发挥自己的理想了，要让位了。

如果不曾坐过高位，就不知道什么叫让位。让位是很大的压力，我再过几年就要退休了，看到年轻的学生慢慢上来，有时候也会想："他们在想什么？是不是想说：'你怎么还不走？我等好久了。'"因为我以前也这么想：老师怎么还不走呢？他们不走我们怎么有机会呢？一报还一报，现在换别人问："为什么你还不走呢？"

可见，"亢龙有悔"是因为没办法找到人帮忙，你已经过了最高的位置，已经没有实权了，必须退休养老，让别人来做。这是世代交替自然的道理，也是人生应该考虑的规则。所以才会有"亢龙有悔"。

以上就是乾卦的爻辞，由此我们可以得知《易经》每一卦六爻的时间和空间概念。有一点要因必须特别注意，在乾卦中还特别加上一句话："用九。见群龙无首，吉。"意思是：用在乾卦整体，显示六个阳爻无首无尾，吉祥。

在《易经》六十四卦中，只有乾卦另加"用九"，坤卦另加"用六"。这两卦为六爻皆同的纯阳卦与纯阴卦，所以可以使用（或贯通）于全卦各爻。

"群龙无首"代表一往平等，因为从下到上都充满活力，每一个都是阳爻，每一个都是同样的机会。这些龙不分首、不分尾，无首无尾，没有人是头，没有人是尾，整个社会构成一个圆满的循环，就像老一辈、年轻一辈，都是人类社会发展不可缺少的。在《易经》乾卦中可以找到生命的活力。

二、真诚：闲邪存其诚，修辞立其诚

我们接触了《易经》的卦辞和爻辞，但还是不知道它在说什么，这时就需要了解《易传》，即孔子和后代学生用《文言传》、《彖传》、《象传》等"十翼"来加以说明的文字部分。例如，《文言传》只有乾、坤两卦，其余六十二卦都没有《文言传》的介绍。

何谓文言？就是用文字加以介绍。既然只有乾、坤两卦，可见这两卦最重要。《文言传》介绍得很精彩，也非常详细，例如，乾卦《文言传》原文如下：

初九曰"潜龙勿用"，何谓也？子曰："龙德而隐者也。不易乎世，不成乎名，遁世无闷，不见世而无闷。乐则行之，忧则违之，确乎其不可拔，潜龙也。"

九二曰"见龙在田，利见大人"，何谓也？子曰："龙德而正中者也。庸言之信，庸行之谨，闲邪存其诚，善世而不伐，德博而化。《易》曰'见龙在田，利见大人'，君德也。"

九三曰"君子终日乾乾，夕惕若；厉，无咎"，何谓也？子曰："君子进德修业。忠信，所以进德也；修辞立其诚，所以居业也。知至至之，可与言几也；知终终之，可与存义也。是故，居上位而不骄，在下位而不忧。故乾乾因其时而惕，虽危无咎矣。"

九四曰"或跃在渊，无咎"，何谓也？子曰："上下无常，非为邪也。进退无恒，非离群也。君子进德修业，欲及时也，故无咎。"

九五曰"飞龙在天，利见大人"，何谓也？子曰："同声相应，同气相求；水流湿，火就燥；云从龙，风从虎；圣人作而万物睹。本乎天者亲上，本乎地者亲下，则各从其类也。"

上九曰"亢龙有悔"，何谓也？子曰："贵而无位，高而无民，贤人在下位而无辅，是以动而有悔也。"

在九三、九四时怎么办？很简单，就四个字：进德修业。很多人认为，"进德修业"是用来鼓励年轻学生的，其实不然。"进德"是增进德行，"修业"是树立功业。古人讲"修业"并不是回家写作业，写作业的只有年轻学生。到九三、九四的时候，"修业"代表功业、事业，对百姓要开始好好做一些事了。有功业，有事业，就有前进的方向。所以我们在学《易传》的时候，会得到启发。

我自己学《易经》时，读到乾卦的《文言传》非常开心。我们讲儒家的时候，很喜欢强调真诚，但怎样才叫作真诚？每个人都认为自己真诚，但你怎么知道自己是不是真的真诚呢？最后就变成是主观的一厢情愿了。我学到《易经》的乾卦时，才知道真诚有两个重点：

第一，"闲邪存其诚"，防范邪恶以保持内心的真诚。换句话说，如果要真诚，就要跟邪恶势不两立，你绝不能说："我很真诚地做坏事，我很真诚地抢银行。"只要知道作弊、抢银行是坏事，就不能说很真诚地做坏事，因为真诚跟邪恶势不两立。

一个人明明知道什么是坏事，如果还做，就不真诚。他不能说做坏事也是很真诚的，那是错误的说法，不能被原谅。所以，真诚是要跟邪恶势不两立的。

第二，"修辞立其诚"，修饰言词以确保其诚意。要建立真诚，要修饰言辞。因为"言为心声"，说出来的话就代表心里的意思，所以要小心怎么说话。

"病从口入，祸从口出"，说话有时候不要太夸张。孔子常常提醒我们，刚毅木讷，才接近人生的正路（原文是："子曰：'刚、毅、木、讷，近仁。'"《论语·子路》）。如果口才非常好，小心了，孔子说："巧言令色，鲜矣仁。"（《论语·学而》）意思是说："说话美妙动听，表情讨好热络，这种人很少是真诚的。""仁"即真诚，这是儒家的重点。

因此，要记住，说话很好听，表情热络，但是内心一定要真诚。我现在不管是教书还是演讲，有时候觉得自己就是"巧言令色"，讲话尽量让别人听得很开心，愿意听。但是我提醒自己要真诚，我讲的每一句话，都是我内心愿意说的、想清楚才说的。

这就是《易经》乾卦《文言传》所说的"闲邪存其诚，修辞立其诚"。前者是"行"，行动与做事；后者是"言"。人生就是两件事，"言"和"行"。也就是说，一个人做事的时候，一定跟邪恶势不两立，说话能表达得恰到好处，内心的情感不多也不少。这就是儒家对我们的要求。

说到跟邪恶势不两立，很多人会问，万一不知道什么是坏事怎么办？"不知者无罪"，当然就不能怪他了。西方哲学家苏格拉底临终时，学生柏拉图问他："老师你过世的话，我们将来怎么办呢？"苏格拉底的回答，今天听起来还是很有用，可以给我们很多启发。他说："今后你们要按照你们所知道的'最善的方式'去生活。"

这句话是千古不变的真理，每一个人都要按照自己知道的最善的方式去生活。例如，我现在知道这样做最好，我就做；我将来知道更好的做法，我再改善。千万不要说：我现在知道最好的，不一定有用，因为说不定将来会发现今天认为最好的不是最好的，所以我今天先不做，等将来发现最好的再来做。如此一来，你永远都不用做了，因为你永远会发现将来还有更好的。

这就好像对所做的事感到后悔一样，举例来说，后悔做了这件事，早知道就不要这么做。问题来了：今天这么做，将来可能会后悔。为了避免将来后悔，今天就先不要做，那么什么都不要做了。然而，人生不能停顿。所以我们要防范邪恶的说法在《易经》中出现，可以把它与所有古今中外圣贤所说的话连在一起，以达到真诚的要求。

三、天行健，君子以自强不息

接着，我们看乾卦的《大象传》："天行健，君子以自强不息。"意思是"天体的运行刚健不已，君子因而要求自己不断奋发上进"。

天体的运行，譬如太阳、月亮最明显。在古人心目中，认为太阳、月亮一直在运转，因此人活在世界上，就不能停下来休息，也要自强不息。

什么叫自强不息？我有一个朋友，每天慢跑，他说他在自强不息。这是事实，每天慢跑不容易，需要恒心，确实自强不息。但这只是身体的运动，如果讲《易经》讲了半天，结果是叫你每天慢跑，那还需要《易经》来教吗？每个运动员都知道要每天慢跑。

也有人说自强不息是每天读书。三日不读书，便觉面目可憎，言语乏味，所以要每天念书。但念书是个人的事，跟别人相处怎么办呢？

所以，《易经》讲的自强不息，意思很清楚，要归结到德行的修养上，而跟他人的来往就是培养德行。假设你与人来往时经常犯错，以至于产生各种恩怨，有时甚至觉得很遗憾。没关系，"人非圣贤，孰能无过"，孔子也说："过而不改，是谓过矣。"（《论语·卫灵公》）有过错而不改，才是真的过错。我每次看到这句话，都会想到金庸小说《神雕侠侣》中的杨过，"杨过"这个名字的意思就是有过则改。

犯错、做错事不要紧，关键是如何补救。就像孔子也说："加我数年，五十以学《易》，可以无大过矣。"意思是：让我多活几年，到五十岁时专心研究《易经》，以后就不会有大的过错了。

由此可知，真正的自强不息，是每天增加自己的德行。因而我们每天都要思考：今天自己有没有比昨天更进一步，比昨天更加改善？同别人来往时，有没有更孝顺一点、更友爱一点、更诚实一点、更谦虚一点？每天这么做，你就会发现生命充满意义。人活在世上，最怕五个字：重复而乏味。一旦觉得生命不断重复，今天跟昨天差不多，下个星期和这个星期大概也差不多，明年和今年应该也不会差太远，这样的日子好过吗？

西方人为什么有心理问题？甚至很多先进国家自杀率为什么特别高？就是因为生活"重复而乏味"。社会安定了，经济繁荣了，政治上轨道了，什么都有了，最后发现，再多活几年也都差不多。如此一来，对于自己做的事，兴趣自然会降低，就好比第一次吃到好吃的料理时很兴奋，第二次就变得兴趣缺缺了。

因此，你每天都要问："我如何让自己感觉到活力？"否则光是重复而乏味，人生真是无趣。

换句话说，《易经》强调自强不息，是要我们增进自己的德行。那么，如何能发现自己的德行每天进步呢？从真诚开始。所以要强调儒家的思想：人性向善。其中"向"字最重要，"向"就是由真诚引发力量，力量由内而发，源源不绝。

你必须自己要求自己做好事，而不是别人要求，这样才有力量。因为真诚，自己要求，因此快乐也是由内而发，而不是别人给予。别人让你快乐，他可以拿走，可以停止供应；自己由内而发，天底下没有人可以把它夺走。这是儒家思想最可贵的地方。

《易经》中的《易传》就是儒家的手笔，我们看到自强不息，就要想到，人生如果自强不息，生命看起来就很有活力，很有动力。就好像乾卦一样，充满无限的生命力。整个宇宙的创造和发展，都是由乾卦开始的，乾卦开始创造之后，宇宙万物才有价值的问题。

在此要特别强调中国哲学的特点：第一，宇宙万物充满生命；第二，人的生命需要实现价值。

实现价值，代表生命不只是活着而已。除了人类之外，其他生物都只是活着而已，只希望多活一天，活得久一点。人类不一样，人类不像其他生物只求多活一天、活久一点，这不是人的生活。老子曾经提到，十个人当中，有三个活到自然的寿命结束；另外三个因为各种疾病、战乱提早结束；还有三个因为养生养得太好而结束，就好比富贵而得了富贵病。十个里面，只有一个可以领悟"道"。

不同的学派，看待人的生命最终都是殊途同归。如何凸显生命的重要性？不是外在的享受，也不在于身体层面，而是在于内心的一种自我要求，即德行的修养。

四、人的生命充满无限的可能

乾卦是《易经》的第一卦，宇宙万物有乾卦，才有后续的发展。乾卦代表无限的生命力，有生命之后，就要掌握到价值。宇宙万物都有其价值，但只有人类可以做出价值的评断和选择。价值不能离开人，如果没有人，宇宙万物有价值也没有用，因为没有人懂得欣赏、懂得肯定、懂得选择。宇宙万物正因为人的生命，而展现出丰富的意义。

人当然要珍惜生命，佛教也说："人身难得。"人的身体最难得。佛教讲"六道轮回"，即天、人、阿修罗、畜生、恶鬼、地狱，所有有生命的动物都轮回在一起，人是六道轮回里的第二道，可见作为人真的是太难得的机缘了。所以，我们在这个世界上，不要说对自己，对每一个人都要非常珍惜与尊重。

每一个人的生命都充满无限的可能，因为他可以实现价值。小孩子刚开始不懂事，大人觉得他是小孩，见了他就摸摸头，问："有没有好好读书？"几年之后，小孩大学毕业读到硕士、博士，变成学者，甚至在社会上发展得很好，成为企业领袖或国家领袖。这就说明了人的生命充满无限的价值，永远不要忽略这些小孩子，认为小孩没什么了不起。错了，我们以前也是小孩子，别人也老是看不起我们，因此，我们就要好好努力。这个世界就是如此，一代一代往下交棒。

重要的不是人类，不是这一代的人，重要的是每一个人。每一个人都有他生命的价值，不要光想着要怎么发展、怎么出人头地，因为出人头地需要竞争，压力很大。你应该思考：要怎么实现生命的价值、展现生命的力量？

以生命为例，这时就要以乾卦作为参考。年轻的时候，"潜龙勿用"，好好读书，把基础打好。二十岁到二十九岁，"见龙在田，利见大人"，学好知识本领，开始表现，期待得到别人赏识。三十和四十岁这个阶段要加倍努力，因为这是中间阶段，谁能往上爬、谁上不去，端看这二十年。如果好好努力，累积生活经验，就能慢慢了解社会人情世故，才有办法领导统驭，进行人性管理。

到了五十到五十九岁，等于是生命里的九五。这时已成家立业，看到部下慢慢成长、发展，就要问自己准备好了吗。因为你心里要有数，退休之后就是"亢龙有悔"了。"悔"不是坏事，懊恼是好事，知道懊恼，就有希望，因为跟"悔"相对的就是"吝"。"吝"代表困难，有困难还不知道后悔，那就危险了，接着就是灾难。若现在处境不太好，面临各种复杂的情况，便开始懊恼。一懊恼，就会开始转向吉祥。

每个人都希望一生一帆风顺，但没有这样的人生。有时觉得自己一生非常坎坷、崎岖，别人似乎都比你幸运，但不要只看这一点，通常当你看到别人比你幸运，别人说不定还羡慕你呢。因为你没有看到别人的痛苦和烦恼，你与人来往，往往只看对方表面上过得不错。对方也跟你一样，只看到你快快乐乐的，说不定也羡慕你。所以这时候，你必须对自己负责。假设你已经过了六十岁，到了"亢龙有悔"的阶段了，没关系，知道整个状况之后，就放手让别人去接班，让别人去发展。

【余韵】

从以上乾卦的《易经》的部分（卦辞、爻辞），以及《易传》的解释说明（《文言传》、《象传》等），我们可以得到很多启发。尤其是"自强不息"，指的是德行的修养。德行修养要从真诚开始，这可说是很好的生活教训。

一般讲占卦时，譬如占到乾卦，代表这件事充满活力，发展绝对没有问题。乾卦六爻皆阳，每一爻都不一样，有的爻不要动。虽然占到乾卦，但是"潜龙勿用"；第五爻"飞龙在天"是人生发展的高峰；到了第三、第四爻就要小心了，这时会面临各种选择、各种考验。

为什么学《易经》不能只看一半呢？因为以上所说的都是"义理"，人生的道理，而《易经》需要另外一半，即占卦，也就是问哪一爻印证在问题上。当有疑惑、问题时，就去占卦，占了卦之后，就要看是哪一个卦的哪一爻。因为一个卦里面，有的爻很好，有的爻不太好；有些最坏的卦里也有最好的爻，所以两边同时要兼顾。《易经》最难的就在这里，一方面要知道道理，做人处世的道理；另一方面，要知道如何解决困惑。亦即两方面——义理派与象数派，两者都要兼顾。

今天，我们不需要学古人把两者分派，而要将它们合在一起。合在一起才会知道每一卦的六爻所展现的象，然后卦象出来。另外，也可以从中学到每一种处境里，会有什么样的遭遇，应该怎么去面对，采取何种适当的方法。"修德"就是其中关键，贯穿在整部《易经》里。

【《易经》小常识】

十二消息卦与二十四节气

在世界天文史上，中国是最早使用阴阳合历的国家之一。八卦最早的主要用途是应用于历法，所以《易经》六十四卦与二十四节气有着重要的关系。

中国古代历法将两个冬至之间的周期称为"岁"，即一年；将"岁"又分为二十四个等份，即二十四节气。每一个节气大约三十天，相当于一个月，其中"节"和"气"各占约十五天。

以冬至起算，二十四节气分别是：小寒、大寒、立春、雨水、惊蛰、春分、清明、谷雨、立夏、小满、芒种、夏至、小暑、大暑、立秋、处暑、白露、秋分、寒露、霜降、立冬、小雪、大雪，再到冬至，此为一岁。

二十四节气是根据地球绕太阳的黄道而分，故称为"阳历"。一节一气为一月，以冬至起（即子月）。后来至夏朝，则以立春为一年的开始，即寅月，一直沿用至今，也就是夏历。

后人从伏羲六十四卦中取十二个卦表示节气的变化规律，称作"十二辟卦"，即"十二消息卦"，也称"十二月卦"、"十二候卦"。《归藏易》中的说法是：子复、丑临、寅泰、卯大壮、辰夬、巳乾、午姤、未遁、申否、酉观、戌剥、亥坤。

十二消息卦与夏历（农历）对照，依序为：复，为十一月；临，为十二月；泰，为正月；大壮，为二月；夬，为三月；乾，为四月；姤，为五月；遁，为六月；否，为七月；观，为八月；剥，为九月；坤，为十月。

● 复卦（䷗）

代表子月，相当于农历十一月，节气为冬至。复卦六爻代表大雪至小寒的三十余天。复卦是五阴一阳，阳爻居初位，此时一阳来复，阳气始升，将会打开新局。

● 临卦（䷒）

代表丑月，相当于农历十二月，节气为大寒。临卦六爻代表小寒至立春的三十余天。

临卦卦象已有二阳，说明天气虽冷，但春天即将来临。临卦卦辞说："至于八月有凶。"为何说"至于八月有凶"？因为临卦为十二月，经过八个月，正好是八月的观卦，成为临的覆卦。而且显然是阳消阴长，所以说"有凶"。再加上夏历八月多雨，最容易发生洪水泛滥。针对临卦（泽在地下），会形成相反的局面（泽在地上），所以"有凶"。

午

姤 遯

巳 未

乾 否

辰 芒夏小夏 申
 种至满至

夬 清谷 白秋 观
 明雨 露分

卯 酉

大壮 惊春 寒秋 剥
 蛰分 露分

寅 立雨 霜立 戌
 春水 降冬

泰 坤

丑 大寒 小大 亥
 寒冬 雪至

临 复

子

● 泰卦（䷊）

代表寅月，相当于农历的一月（正月），节气为雨水。泰卦六爻代表立春至惊蛰的三十余天。泰卦卦象为三阳在下，说明春天开始了，万物就要复苏，新的生命就要破土而出了。成语"三阳开泰"即是此意。

● 大壮（䷡）

代表卯月，相当于农历的二月，节气为春分。大壮卦六爻代表惊蛰至清明的三十余天。大壮卦六爻已有四阳在下，说明阳气已经战胜阴气，此时万物都开始活动，草木生长发芽，动物开始繁衍。且大壮卦是"上震下乾"，雷在天上，天上始有雷声。

● 夬卦（䷪）

代表辰月，相当于农历的三月，节气为谷雨。夬卦六爻代表清明至立夏的三十余天。夬卦六爻已呈现五阳之象，天地间只有一点阴气残余，阳气最是充足。正如人们所说，阳春三月，草长莺飞，正是踏青旅游的好时光。

● 乾卦（䷀）

代表巳月，相当于农历的四月，节气为小满。乾卦六爻代表立夏至芒种的三十余天。此时卦象六爻纯阳，天气已没有一丝寒意，人们可以穿单衣，正是草木茂盛季节。

● 姤卦（䷫）

代表午月，相当于农历的五月，节气为夏至。姤卦六爻代表芒种至小暑的三十余天。姤卦卦象底部出现一阴爻，天地之气阳极阴生，说明由于温度过高，出现潮湿天气。

● 遁卦（䷠）

代表未月，相当于农历的六月，节气为大暑。遁卦六爻代表小暑至立秋的三十余天。遁卦卦象底部已有两个阴爻，阳动阴藏，有些农作物已成熟。天气更加闷热而潮湿，人和动物都躲藏起来，以避暑气。"遁"即"躲避"，也告诉人们要学会躲藏以生存。

● 否卦（䷋）

代表申月，相当于农历的七月，节气为处暑。否卦六爻代表立秋至白露的三十余天。否卦卦象已有三个阴爻在下，正所谓泰极否来。此时阴气已经变得很强盛，也就是说，天气虽然很热，但还是容易着凉。多事之秋意即如此，此时需要祈福消灾。七月十五为鬼节，人们会在此时祭拜祖先及鬼神，以求庇佑。同时由此领悟，要收敛修德以避开灾难，以求吉祥。

● 观卦（䷓）

代表酉月，相当于农历的八月，节气为秋分。观卦六爻代表白露至寒露的三十余天。观卦卦象已经是四个阴爻了，说明天气渐冷，正是秋风萧瑟，农作物的生命已到尽头，已经成熟。而仲秋美景也开始呈现，明月当空，中秋佳节，合家团聚，正是观赏的好时节。古时有"二八之月，奔者不禁"之说法，正是观玩之意。

● 剥卦（䷖）

代表戌月，相当于农历的九月，节气为霜降。剥卦六爻代表寒露至立冬的三十余天。剥卦卦象已有五个阴爻，仅一阳爻在上，说明阴气强盛，连一点余阳都要排挤掉。此时万物凋零，落叶纷飞，天地间生气被剥夺。

● 坤卦（䷁）

代表亥月，相当于农历的十月，节气为小雪。坤卦六爻代表立冬至大雪的三十余天。坤卦卦象六爻纯阴，阴气最盛，此时万物隐藏起来，动物开始进入冬眠，天地闭塞成冬，一年到了终点。由于阴中有阳，阳中有阴，坤卦当令的时节也会有两三天小阳春，所以又有"十月小阳春"的说法。

第五章　厚德载物——坤卦

《易经》的第二卦是坤卦，乾卦讲的是自强不息；相对来说，坤卦讲的是厚德载物。乾是天，坤是地；乾是父，坤是母；乾卦六爻皆阳，坤卦六爻皆阴。以后我们看到任何一个阴爻，就知道都有坤卦的特性，这就跟看到任何一个阳爻都有乾卦的特性一样。

一、柔弱胜刚强

坤卦六爻皆阴，作为母亲、作为大地，柔顺无比，我们可以把它看作是阴的示范代表，即"柔弱"。由此，我们可以联想到老子的"柔弱胜刚强"。西方人也说："女子虽弱，为母则强。"这句话很有道理。女子相对的是男子，从社会分工各方面来看，男子从事体力劳动，需要外在的刚强；女子负责家务，照顾子女，是比较柔弱的一方。但是作为母亲，女子又变成一个主导者、刚强者。西方简单的两句话，也符合《易经》的原则。

"柔弱胜刚强"有很多例子，譬如大风吹来的时候，越是坚挺的树木，越先被吹倒；相反的，柔弱的柳树很少会被吹倒。又譬如"滴水穿石"，一滴水能瞬间穿透石头吗？当然不行，它需要时间上的长期效果，才能展现柔弱的力量。人到了年老时，牙齿很少还是完好的，但舌头还是跟以前一样，这就说明了"柔弱"更符合生存的道理。

古代有个故事：有一个勇士专诸，身体强壮，武功高强，最喜欢做的事就是每天外出跟人打架。而且不到十个人他不打，一定要和十几、二十几个打才过瘾。有一天，他家门前聚集了很多人大声吆喝，准备找他打一架。他一看人多，认为可以好好打一场，于是往外走。这时，听到后面有个娇弱的声音喊了一声"专诸"，他立刻掉头回去。别人笑他怕老婆，老婆一叫，立刻就回去，真没出息。专诸则回头对那些人说："唯其在一人之下，才能在万人之上。"这便是柔弱胜刚强的道理。

二、坤卦卦象和卦辞

坤卦六爻皆阴（䷁），从下至上依次是：初六、六二、六三、六四、六五、上六。"六"代表阴爻。

坤卦的卦辞较长，原文是："元亨，利牝马之贞。君子有攸往，先迷后得主。利西南得朋，东北丧朋。安贞吉。"意思是：

"开始，通达，适宜像母马那样的正固。君子有所前往时，领先而走会迷路，随后而走会找到主人。有利于在西南方得到朋友，并在东北方丧失朋友。安于正固就会吉祥"。

我们还记得，乾卦的卦辞是四个字："元、亨、利、贞"，代表无所不利。天下万物都来自乾卦，所以对万物都是适合的，可以长期发展。但是坤卦不一样，坤卦六爻皆阴，也是"元、亨"，但是这里的"元"不是"创始"，而是"开始"。因为乾卦是主动力，坤卦代表受动力，完全接受之后，才要发展，也就是开始。"亨"即通达，在大地上产生万物，不断发展。

"牝马之贞"，"牝马"就是母马。我们都知道，"马"跟人类关系非常密切，而且母马本身是非常驯良的。为什么要提到马呢？马本来用来描写乾卦，我们还记得，坤卦的象征是牛。其实这并不是重复，而是各种不同的理解方式。"牝马"的用意是"跟从"，因为坤卦虽然是指大地，但是天体运行需要与大地永远配合。

我们要了解，开创一个时代固然需要力量，但是跟随它、发展它，也需要力量。天体不断运行，地面万物不断生长，大地本身也需要有恒常、强健的性格，但它的强健不在于引导，而在于跟从。

很多时候，我们跟着别人前进，别人继续走，而我们却停下来了。孔子就曾告诉学生，从事政治，要记得两个字："无倦"，即不要倦怠。人很容易倦怠，开始时很努力，每个人都愿意不断地做。做了一半心里却开始想："已经差不多了，有点成绩了，可以休息了。"一停下来就糟糕了，因为整个时代不断在进步，天下所有人都在努力竞争，你一旦停下来就跟不上了。坤卦之所以用母马来代表，是因为"母"代表"坤"，"马"代表健行，能够有恒心地一直走下去。

坤卦适合母马的前进，特色是："君子有攸往，先迷后得主。"一个君子到了适合的地方，不要走在前面，因为坤卦是要跟着别人走，亦即跟着"乾"来走。如果走在前面，就会迷路，因为没有任何力量可以引导你往前开创。相对的，走在后面就会找到主人，有人可以带着你走。

很多时候，不要老想着自己做开路先锋，开路先锋很辛苦的。有时候跟着别人后面走，踩着别人的足迹慢慢前进，也不见得是坏事。像西方的物理学家牛顿也说："我们要站在巨人的肩膀上。"你不能说要当巨人，从头开始建构宏伟的科学研究，那是不可能的。但是站在巨人的肩膀上，就能看得更高、更远。而坤卦就是要求你不要走在前面，而是跟在后面，如此一来，就能找到你的主人。

"利西南得朋，东北丧朋。"适合在西南方得到朋友，在东北方失去朋友。这说明什么呢？西南代表比较柔顺，属于平原地带；东北多山、多高原，代表很多阻碍。这牵涉到"后天八卦"，我们先不深入探讨。

如果你到西南方，有伙伴同行，就会很柔顺；而到了东北方，

111

就会失去同伴。这就好比女性没结婚之前，经常跟很多女性朋友开心在一起，一旦结婚之后，就要离开朋友跟着先生走，这叫作"东北丧朋"。因为你得到一个"主"，"主"代表能带你走的人。

看到这里，很多人会说，这样似乎对女性不是很公平。我要特别说明，每一个人都有乾卦、坤卦，随着你的角色、身份和所面对的对象而定。例如，在家里是男主人，是"乾"；上班的时候遇见上司，就变成了"坤"，上司变成"乾"，他要我怎么做，我就照着做。但是，上司面对他的上级单位，也会变成"坤"；上级的再上级，在外面都是"乾"，回到家之后，说不定也跟前述专诸的例子一样，听老婆的话，变成"坤"了。

有的人在任何时候都是"乾"，碰到子女就变成了"坤"。像诗句："横眉冷对千夫指，俯首甘为孺子牛。"（鲁迅名言）在外面可以号令天下，莫敢不从，可是回到家之后任由小孩子爬在身上，被当牛骑也认了。意即父母有时候面对孩子，会变成另外一个角色。好比有些人抽烟，任何人劝他戒烟，他都照抽不误，最后是女儿的规劝发挥了作用，他"听话"了。

这说明了人活在世界上，都有"乾"、"坤"两面，因此，了解"坤卦"，对每个人都有帮助。

由此可见，坤卦的卦辞意思很简单：首先告诉我们要像母马一样，一方面很柔顺，一方面能够健行，才跟得上天体的运行，跟得上乾卦的脚步。其次，君子有所前进的时候，走在前面会迷路，走在后面才能找到主人。最后，坤卦告诉我们，适合在西南方得到朋友，在东北方丧失朋友，就是要以柔顺为主。如果占到这个卦，就要从这些角度去理解。

坤卦六爻详解

初六。履霜，坚冰至。

六二。直方大，不习，无不利。

六三。含章可贞。或从王事，无成有终。

六四。括囊；无咎无誉。

六五。黄裳，元吉。

上六。龙战于野，其血玄黄。

用六。利永贞。

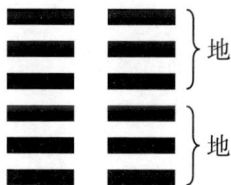

坤卦卦象

● 初六。履霜，坚冰至。

意即："初六。脚下踏着霜，坚冰将会到来。"

这是坤卦最有趣的一个爻。脚下踩到霜，前面就会有坚硬的冰块。这是什么意思呢？这里的前面，并不是指方位，而是指现在漫天风雪，结冰那么厚，怎么搞的？什么时候出现的？代表任何事情都是有迹可循——当你脚下踩着霜，就知道冬天即将来了。

任何事情都是渐次发展的。我先说一段很有名的历史故事：

在周朝初年封建时候，齐国始祖是姜太公姜子牙，鲁国的始祖是周公。这两位国家大佬接到分封的命令，开始聊天。

姜太公问周公："你准备怎么治理鲁国？"周公说了四个字："尊尊、亲亲。"意思是要尊重身份地位高的人，亲近有血缘关系的人。

姜太公听完之后回道："鲁国从此'积弱不振'。"为什么呢？因为讲究"尊"和"亲"，一定是不考虑他们的能力、才华和本事，而是因为身份高才予以尊重，但能力够不够，就是另外一回事了。就好比血缘接近，我就亲近你，因为你是我的亲戚，即使你能力不够也无所谓。鲁国就是比较重情感、重道义，所以姜太公说：鲁国将来会弱了。

接着，周公就问姜太公："那你将来如何治理齐国？"姜太公说："举贤而尚功。""举贤"，推举有贤才的人；"尚功"，把功劳作为当官的标准。意思就是要推举有能耐的人，只要有才干，齐国就予以推举；有功劳，就封为大官。这是齐国的原则，一开国，就有人订下这套规则了。

周公听了之后便说："齐国后世必有'劫杀之君'。"意即将来齐国的国君，一定有人会遭遇弑君之害。后来，齐国果然越来越强，春秋五霸第一霸就是齐桓公。但是传到二十四世，齐国就被田氏篡位了。

"田氏篡齐"的故事，正好发生在孔子的时代。当时，孔子听到田常杀了齐国国君，便上朝报告鲁君齐国发生了造反之事，请示要不要派兵去讨伐造反的人。因为当时各诸侯国之间有约定，哪一国发生内乱，其他诸侯国可以组织联合军队去平定内乱。

但是，鲁国哪来的能力呢？它比齐国还弱，更别说政权不在鲁君手上，而是在三家大夫手上。所以鲁君回道："你不要问我，去问那三家大夫。"孔子只好去问三家大夫，三家大夫当然不同意，因为他们自己都想把鲁君换掉了。

齐国很强盛，传到二十四世被田氏所篡，但由于田氏很懂得收买人心，所以齐国的老百姓没有太多意见。田氏收买人心的方法是：他用小斛（斗）收租，用大斛放贷，给百姓恩惠。因此，齐国百姓都拥护田氏。他后来篡了齐国，没有人反对，就是由于这个原因。

鲁国一直"积弱不振"，但传了三十二世才结束。由此看来，建国时姜太公和周公所说的话，就是坤卦首要强调的"履霜，坚冰至"。也就是说，立国的原则会影响到国家后续的发展，这是没有例外的。

坤卦第一爻初六，其《文言传》曰：

积善之家，必有余庆；积不善之家，必有余殃。臣弑其君，子弑其父，非一朝一夕之故，其所由来者渐矣，由辨之不早辨也。《易》曰："履霜，坚冰至。"盖言顺也。

其中"积善之家，必有余庆；积不善之家，必有余殃"，意即一个家族常做好事，后代子孙就有多余的喜庆。因为常做好事，子孙得到庇荫，一定会过得很愉快。相反的，如果经常做坏事，最后一定会有多余的灾难留给子孙，因为从一开始就知道它决定了后续的发展。

坤卦为什么提到"霜"？因为在初六的时候，往上一看，全部是阴爻，"阴爻"代表只能跟着他人走，自己无法独立。而从后面的发展就要知道，阴爻代表阴冷、寒冷的一面，但也代表整件事的趋势是慢慢形成的。

这就是"初六"，"初六"的含义很丰富，接下来就开始进入一个特殊的情况。

● 六二。直方大，不习，无不利。

意即："六二。直接产生，遍及四方，广大无边；不必修习，无不有利。"

六二特别好，因为位置不错。讲到位置，这里要再补充说明一下。卦象从下往上看，共有六爻：初、二、三、四、五、上。初、三、五是奇数，奇数最适合阳爻；二、四、上为偶数，偶数最适合阴爻。不管阳爻还是阴爻，都要看它的位置，如果在初，初的位置本来是阳爻，如今却是阴爻，就不是很理想，必须小心。二本来就是偶数，六二阴爻，它又是二，所以六二一向是很好的位置，因为正好在偶数，是阴爻应该有的位置。这就是所谓的"当位不当位"，也就是位置是否适当。

到了六二的位置，就把阴爻的整个特色表现出来了，即三个字:"直、方、大"。"直"就是直接产生;"方"就是遍及四方;"大"就是广大无边。这三句话正好代表"地"——大地的形势。

"直",万物在大地直接诞生,根本不用设计,有植物、有动物、有矿物,什么都可以出现;"方"代表遍及四方,世界上每个地方都有各种不同的生物,都有不同的自然景观;"大"就是广大无边,包容一切。"直"、"方"、"大"这三个字说明了坤卦的主要特色,等于是大地的一种表现,不用花任何脑力去学习或改善,它就是无所不利。可见,六二是好位置。

● 六三。含章可贞。或从王事,无成有终。

意即:"六三。蕴含文采而可以正固。或者跟随君王做事,没有功业却有好的结局。"到了六三,底下三爻已经结束了。

"含章可贞"指的是可以坚持原则,既然是坤卦,就要守住,尽量不要参与行动,因为在第三个位置。三的位置本来是适合阳性,而现在是阴性,在六三,就不是很理想了。再者,它在下卦的边缘,代表有选择性,有选择就有变动,不能预测。

到了六三,可以跟随君王做事,不会有什么成就,但是要考虑结果。之所以没有成就,因为才到底下三爻,怎么会有成就呢?但是六三构成一个小的坤卦(☷),已经有好的结果了,代表已经完成一个坤卦的基础。

● 六四。括囊;无咎无誉。

意即:"六四。扎起口袋,没有灾难也没有称誉。"六四底下有一个坤卦,代表已经到达一个很重要的位置。

讲到六爻的时候，我们要有一个大概的观念：初的位置，叫作"士"，读书人；第二个位置代表"大夫"，已经到中间了；第三个位置是"公卿"；第四个位置是"诸侯"，公卿和诸侯的责任都很重；到了第五个位置就是"国君"；第六个位置则代表"宗庙"或"祖先"，已经退休了。

到了六四的位置，就要"括囊"；把袋子扎起来，没有灾难，也没有称赞，也就是不好也不坏。为什么到六四就要收敛呢？因为是坤卦，到六四就要收敛，若不收敛，将来就会有问题。

到了上卦，虽然当了一个小小的领袖，可以统治下卦，这时依然要收敛。就像大禹治理洪水之后，一点也不骄傲、不自夸，后来舜才把帝位传给他。周公的功劳也很大，但他也不骄傲，依旧很诚恳地辅佐幼主。孔子特别称赞周公，说他既不骄傲，又不吝啬。因为骄傲和吝啬都是以自我为中心，喜欢跟别人比，胜过别人，有好处不肯分享，这叫"既骄且吝"，不值得欣赏。

所以，像大禹、周公这些伟大的古人，他们还不算是天子，因此要收敛。这时，不需要求荣誉，也不用担心，才不会有灾难。人有的时候就是要收敛，避开锋芒，因为你所处的位置还不到时候，不适合出来当领袖。

在这个时候，就要学习道家的思想。道家很多地方都学到坤卦的做法，譬如前述的"柔弱胜刚强"，就告诉我们要顺从、不争。老子说："夫唯不争，故天下莫能与之争。"（《老子·二十二章》）就因为不争，所以天下没有人能跟他争。

说到"争"与"不争"，你跟别人争什么呢？当然是争自己有本事的部分。你有本事，但别人比你更厉害，正所谓"人外有人，天外有天"。因此，你要避开锋芒，不跟他人直接竞争。不过，也不要说自己什么都不行、什么都不会，如此一来，会显得缺乏自信。

当谈到坤卦六四的时候，就要记得收敛，因为你已经到了高位，可以统治底下了，这时就要"括囊"，扎起口袋。

● 六五。黄裳，元吉。

意思即："六五。黄色的裙子，最为吉祥。""元吉"是上上大吉。

《易经》所谓的"占验之词"，意思是占卦时所占到的卦与爻又分等级，最好的就是"元吉"，即最为吉祥，上上大吉；其次是"大吉"，大大的吉祥，非常吉祥；第三才是"吉祥"；再往下就是"无咎"，没有灾难，也就是平常的状态。西方有句话说："没有新闻就是好新闻。"这就是"无咎"，不要老想着今天会有什么好事，其实没有事就是好事，每天都是好日子。

"无咎"往下依次为"悔"和"吝"。"悔"就是懊恼，因为做错很多事；"吝"就是困难。有困难还不知道改过、悔改的话，接着就是"咎"和"厉"了。"咎"为灾难，"厉"代表危险。最后还有"凶"，"凶"是最可怕的。以上就是《易经》对于各种占验的区分。

从占验之词中，可以知道"无咎"是不错的，至于怎么做才能"无咎"？答案就是"善补过者也"。一个人善于补救过错，就不会有灾难。这句话对于现代人来说，一样非常有启发性。试想，为什么灾难会发生在你身上？因为你有过失却不知道补救。"人非圣贤，孰能无过"，有过失没关系，要善于补救过失，赶快改善。跟别人有什么地方合不来，自己有错就赶快道歉，只要赶紧补救过失，别人就不会跟你计较了。

然而，人们往往是自己有过失还死不承认，或者硬是要跟别人僵持不下。到最后有了灾难，也不能怪别人。所以，对于"无咎"的标准，要求就是善于补救过错。

《易经》乾卦六爻并没有出现"元吉"，只说适宜见到大人，并没有说到"吉"，一直到坤卦六五才出现了"元吉"。为什么说"黄裳，元吉"呢？在此先说明"黄裳"的意思。

"黄裳"就是穿上黄色的裙子。古代的"衣"代表上衣，"裳"代表下裙，例如"黄帝垂衣裳而天下治"。坤卦本身不能直接当领袖，必须跟着别人走。跟别人走就代表不是"衣"，只是"裳"，因为穿衣代表当领袖，当乾卦了。而你必须跟别人走，所以要穿上"裳"。

何谓黄色？黄色是土的颜色，土在中间。古代关于颜色又有说法：东边是青色，因为太阳从东边升起，东边草木繁荣；南边是红色，因为南边最热，变成红色；西边是白色；北边是黑色；中间则是黄色。

颜色和方向又配合金木水火土，东方属木，是青色；南方属火，是红色；西方属金，是白色；北方属水，是黑色；中间属土，是黄色。

坤卦六五的位置是在上卦的中间，中间是黄色，所以要穿上黄色的裙子，代表知道自己是六五，不是九五。九五才有真正的实权，六五再怎么厉害，都要知道自己必须跟随别人。

现在在六五这个位置，不是自己要求的，而是正好碰上，怎么办呢？"黄裳元吉"，变成是"上上大吉"了。可见，不管在任何地方，只要了解自己的处境，做出适当的反应，就是吉祥了。

吉祥并没有在乾卦出现，反而在坤卦出现了一个"上上大吉"，这说明什么道理？正是柔弱胜刚强。柔弱是每一个人都应该放在心上、在社会上可以实践的态度。大多数的人都是老百姓，作为老百姓，要甘于过平凡的生活，要知道自己的分寸，不要强出头。这就是我们谈到的六五"黄裳元吉"。

● 上六。龙战于野，其血玄黄。

意即："上六。龙在郊野争战，它的血是青黄色的。"

我们都知道，乾卦的上九是"亢龙有悔"，处境并不好。在坤卦也是一样，上六也不好。《易经》的六十四卦，每到最高的位置，不是上六，就是上九，大部分都不太好。最好的只有两个卦，即"履卦"和"井卦"，这两卦最后都是"元吉"，后续将会特别介绍。

坤卦上六"龙战于野，其血玄黄"，这在说什么呢？郊野代表外面，"上"就是外面，象征郊外。这又是一个象征了，六爻位置最外面的，就变成郊外。古时候分郊，郊外有野，郊外之内就是"邑"，都城。

为什么在坤卦的上六会出现龙在郊外作战呢？根据《易经》的解释，因为这一卦六爻皆阴，没有看到阳爻，便以为天下就是我们阴爻的。天下是你的吗？不一定，是的话就守不住了，因为本身是阴爻，没有实力，没有主动力。

这时候，以为自己是龙，接着真正的龙就出现了，因为你已经走完了。正如《文言传》所说："阴疑于阳必战。为其嫌于阳也，故称龙焉。犹未离其类也，故称血焉。"意思是："阴气受到阳气猜疑，必然发生争战。由于阴气猜测没有阳气存在，所以也称它为龙。但是阴气尚未离开它的类别，亦即阴无法胜过阳，所以用流血来描写。"

坤卦之后出现的卦，不可能是全部阴爻或全部阳爻，因为乾卦、坤卦出现过了，所以之后出现的六十二卦，任何一卦都是有阳有阴。代表阴爻出现之后，一定会有阳爻再出现，真正的龙要跟假龙开始作战了。

这正如历史上的典故，譬如赵高篡秦，秦灭亡了，赵高也被杀了；王莽篡汉，汉朝式微，王莽也失去力量。赵高和王莽都是趁着机会称霸天下，但是不能当真正的龙，因为天下都是一片小人，如赵高指鹿为马，就以为自己是真正的龙。小人当道，其他的纷争就会出现，所以"龙战于野，其血玄黄"。"血"就代表斗争很惨烈的后果。

坤卦最后再加一句："用六。利永贞。"意即："用在坤卦整体。适宜永久正固。"作为坤卦，最好能够守住你的位置。我们还记得，乾卦的用九是"见群龙无首，吉"。用九和用六只有乾、坤两卦可以用，因为六爻都一样。

三、厚德载物

在坤卦当中，更重要的是我们所说的"厚德载物"。坤卦《象传》说："地势坤，君子以厚德载物。"大地的形势顺应无比，君子努力培养自己的德行，用来承载万物。

所谓的培养德行，指的是点点滴滴慢慢地做，不要着急。人的品德绝不是一天形成的，不能说昨天还是个不懂事的人，今天忽然就懂事了，什么都顺了，不可能。人的品德没有侥幸，多下功夫，它就慢慢累积，十年、二十年，不到一段时间，它不可能有效果。

佛教的觉悟就讲究"渐修"和"顿悟"，两种主张好像不一样，其实不能分开。"渐修"就是每天修，每天修，什么时候觉悟也不知道，也不要管。在还不到觉悟的时候，往往感觉前途茫茫，好像很遥远；你觉得觉悟了，其实离你还挺远的。一旦觉悟后才发现，其实随时都可能觉悟。"顿悟"就是突然的觉悟，好像没读什么书，也没什么修行，突然之间就觉悟了。

最有名的故事就是禅宗六祖慧能的故事：大家都知道，慧能是个文盲，而神秀是五祖的首席大弟子，学问非常好。有一天，五祖弘忍法师要门下弟子写偈，神秀偈曰：

身似菩提树，
心如明镜台。
时时勤拂拭，
勿使惹尘埃。

这是很有学问的话，告诉我们每天都要努力工作，累积功夫。

慧能当时还不是五祖门下弟子，没念过什么书，但听到神秀这么一念，就觉得不见得对，他稍微改了一下，偈曰：

菩提本无树，
明镜亦非台。
本来无一物，
何处惹尘埃？

这一改不得了，这是悟道，深得五祖认可，于是后传衣钵于慧能，始有六祖。

两个人相比较，神秀偏向渐修，慢慢修炼；慧能则是顿悟。慧能如果没有砍柴、挑水，实实在在做功夫的话，怎么可能忽然之间有这种效果呢？因此，这时候就要知道，在学习时，不要幻想在德行上可以忽然有什么成就，得慢慢来。而坤卦就告诉你，要忍住性子，了解自己的情况，不要着急，不要躁进，认真地每天一点点慢慢做，才能达到"厚德载物"的目的。

"物"在古代指万物，包括人类在内。很多人说："我品德再高，怎么可能承载万物呢？人那么小，万物那么大？不要说一座山，随便一座小丘陵都搬不动。"坤卦讲的"物"，特别指人，意思是要学习坤卦，像母亲一样包容万物。

后来的道家思想深受坤卦的影响，老子就很喜欢用母亲来比喻"道"，万物都来自道。老子的三宝，第一就叫作"慈"，慈就是母亲的爱。母亲的爱是完全包容的，她绝对不会说："这个孩子是我生的，真是很差劲，我怎么会生这种小孩？"没有这样的母亲。母爱就是伟大，西方有句话说："上帝不能照顾每一个人，所以给每一个人派一个母亲。"这是多么深刻的含义！

老子说："慈故能勇。"（《老子·六十七章》）真正的慈爱才有勇气。这跟孔子的话很接近："仁者必有勇。"（《论语·宪问》）真正有仁德的人，一定有勇气做好事。看到有人被欺负，我来帮忙、来保护；看到有人太凶，我加以制止。这是因为出于慈悲、仁爱的心，所以才勇敢。这不是为自己，只要不是为自己，就有真正的力量。

我们或许有过这样的经验，当别人说："你做了官还不是为了自己。"你就觉得不好意思，因为当你为自己考虑，就会觉得心虚。如果每个人都只为自己着想，那么到底要听谁的呢？因此，如果能替别人着想，就能化解这方面的问题，而真正的勇敢也就会出现。

四、君子：敬以直内，义以方外，敬义立而德不孤

要做到厚德载物，坤卦里就提到很多修养。坤卦《文言传》曰："……君子敬以直内，义以方外，敬义立而德不孤……"后来宋朝学者就把其中八个字拿来作为座右铭，即"敬以直内，义以方外"。这八个字的意思就是：用严肃的态度来持守内心的真诚，用正当的方式来规范言行的表现。一方面是内心，一方面是外在的表现。

首先，对待自己内心，一定要修炼，用严肃的态度来持守内心的真诚，这是第一步，否则就是虚伪了。其次是向外，用正当方式来表现自己的言行。因为人表现在外的，就是"言"与"行"，说话、做事都要注意是否正当，合乎道义。

内在要求真诚，严肃看待，告诉自己一定要真诚；外在表现方面，言行表现要注意正当。这就好像乾卦所提到的："闲邪存其诚，修辞立其诚。"很多宋朝学者都将这八个字拿来当作座右铭。有了座右铭之后，就会知道努力的方向了。

接着是"敬义立而德不孤"；做到既严肃又正当，德行就不

会孤单了。"德不孤"三个字在《论语·里仁》也出现过,孔子说:"德不孤,必有邻。""邻"代表邻居、朋友、同道的人。有德行的人不会孤单,必定能得到人们的亲近与支持。因为"人性向善",看到有人表现出德行,大家都会支持,毕竟谁不喜欢他人行善呢。

行善代表对大家有利,所以行善者跟周遭的人一定相处得很好。行善是在帮助别人,如果我是为自己着想,怎么能说是在行善呢?

从以上内容可以知道,很多儒家和道家的思想,都深受《易经》的启发。

【余韵】

综上所述,我们可知,坤卦与乾卦是对立的,是相辅相成、相反相成的两个卦。乾卦代表主动力创造万物,坤卦代表受动力发展万物。如果只有乾卦,没有坤卦,万物不可能有这么好的发展;如果只有坤卦,没有乾卦,怎么可能创造出万物呢?

坤卦的特色是六爻皆阴,将来只要看到任何一卦的阴爻,就要想到坤卦。

本书接下来要谈的,是从六十四卦里选一些特别重要的卦作为参考,说明它为什么重要、对人生有什么启发。

在进行占卦时,占到任何一卦,都要问哪一爻是动爻,它一动，代表这个爻会印证在这件事情上，这时候你就要好好参详。

举例来说，占到坤卦六四："括囊；无咎无誉。"意思就是你本身有一些实力，有才华、有文采，要收敛起来，不要表现，这样就不会有灾难，也不会有称誉。宁可不要称誉，也不要批评。

人生有时候走到六四的阶段（中年阶段），虽然有某些出色的表现，但不是真正的领袖，没办法开创自己的事业，这时就要注意收敛。我们在乾卦提到初九"潜龙勿用"，在坤卦六四提到"括囊"，都是不要表现。如此一来，就不会有"咎"，也不会有"誉"，这是人生一个过渡的阶段。

到了六五，虽然是好位置，但还是一样要注意"黄裳"，才能"元吉"。不能穿"上衣"，要穿"下裙"，承认自己是一个顺从的位置。也就是当一个大臣，再怎么功高，也不能震主，否则下场就不好。

同样的，处在任何位置都要有因应之道。有时候这个位置显然不好，那么你就只能从不好的一面，看出一条出路，避开不好的局面。就好像孔子教学生"见贤思齐"，看到别人有优点，跟他学，向他看齐；"见不贤而内自省"，看到别人不好，就要问自己是不是跟他一样不好。这就是我们在学习坤卦时所得到的启发。

【《易经》小常识】

卦象术语

● 覆卦与变卦

《易经》六十四卦，每连续两卦（如 1 与 2，3 与 4）之间的关系是"非覆即变"，因此，六十四卦可分为 32 组。覆卦是指由下往上翻覆，如第三卦屯卦（䷂）与第四卦蒙卦（䷃）；变卦是指六爻皆变，如第一卦乾卦（䷀）与第二卦坤卦（䷁）。

● 综卦与错卦

"非覆即变"的另一说法，称为"非综即错"。

● 互卦

一卦六爻由两个经卦所组成，其中的二、三、四、五爻又形成两个小卦，二、三、四爻为下互卦，三、四、五爻为上互卦。在解说爻辞时，常会参考互卦所提供的数据。

● 纯卦

由八经卦自身相重所构成，称为"纯卦"。

第六章　非吉则利——谦卦

谦卦是一个很特别的卦，它的六爻"非吉则利"。说到"谦"这个字，譬如"满招损，谦受益"，"谦虚纳百福"等，都可以和"谦"搭上关系。我们也知道，一个人谦虚时，话说得比较委婉，跟别人来往，会摆出低姿态。这些都不难，很多人都可以做得到，但是，真正的谦虚要从何理解起呢？

一、古圣先贤谦虚的态度

在此要从古代一些数据说起。例如，孟子最推崇舜，有一次他提到舜，一连做了一系列介绍。他先提到孔子的学生子路，一般人听到子路，都会觉得这个人非常豪爽，有豪侠气概，这样的人应该不会随便表现谦虚吧。然而，孟子居然说："子路闻过则喜。"子路听到别人说他的过错，非常高兴。

要能做到这一点很难，一般人都是"闻过则怒"，听到别人说自己的坏话或过错，就会很生气，要不然就设法找借口，说错不在己，要怪别人。但子路听到过失却觉得很高兴，代表他谦虚，要是不谦虚，听到别人讲到自己的过失，都会恼羞成怒的。

接着，孟子提到大禹："禹闻善言则拜。"大禹听到有价值的话，就向别人拜谢。别人提出的建言，我不见得不懂，但只要对方是有心来告诉我，我就向他拜谢，这也是谦虚。

实际上，大禹有什么话是不懂的？这些伟大的圣人，每个人都很聪明，但他还是感谢别人的好心，因为不管再怎么聪明，都不可能了解所有天下事。

最后是舜："大舜有大焉，善与人同。"何谓"善与人同"呢？根据孟子的解释，舜的善都是从别人身上学来的，然后自己继续实践，实践的时候让别人知道：这是跟你学的。这不容易，所以舜到任何地方都很受欢迎，因为他看到别人有优点，就学起来；别人称赞他，他便说："你不要称赞我，这是你身上的优点，我只是从你身上学来加以实践而已。"这代表"我与人为善"，跟别人一起实现善，这是多么谦虚的态度！

舜到任何地方，都受到欢迎和肯定，老百姓跟着他，不到三年，所到之处就变成一个都城了，再过三年，就变成一个国家了。因此尧后来才特别肯定他、欣赏他，因为他谦虚。成功的人没有不谦虚的，若是不谦虚，很快就会失败，众叛亲离，这种例子太多太多了。

二、谦卦的特别之处：谦虚纳百福

为什么要特别介绍谦卦呢？因为它是整个《易经》六十四卦中，唯一六爻"非吉则利"的一卦，其他每一卦都有好有坏。我们讲到乾卦的九三、九四时，只希望做到"无咎"；讲坤卦则要收敛、小心，因为坤卦一开始就提醒："履霜，坚冰至。"

谦卦底下三爻是"吉"，吉祥；上面三爻是"无不利"，什么都适合，没有任何不利，做什么都可以。六爻"非吉则利"。

而且，最特别的是，《易经》出现几次与鬼神相关的词句，但是在谦卦《彖传》里就直接说了："天道下济而光明，地道卑而上行。天道亏盈而益谦，地道变盈而流谦，鬼神害盈而福谦，人道恶盈而好谦。"天道会祝福谦卑的人，地道会帮助你，人道也会肯定你，鬼神也会帮助你。其他各卦很少在《彖传》中提到鬼神。

一般说来，天道是指大的自然环境，像天体运行、春夏秋冬，这属于上天决定的；地道代表地理山川等客观形势；人道则代表人类社会的规则。以天道来说，"冬天来了，春天还会远吗？"从这句话可以知道，冬天冷过头了，应该谦虚一点了，该变温暖了。也就是说，一过头了，就要收敛了。同样的，夏天太热了，秋天也不远了。

天道说明任何事都不要过分，因为谦的反面是"盈"，"盈"就是满，志得意满。

以地道来说，将高的地方降低一点，低的地方就会稍微填满一点。就像一桶水，一旦倒下，水就会往低处流。我们平常说河东河西、沧海桑田，这些即说明了大地本身就有调节的作用，当你过高，它就会让你变得低些。

鬼神是什么呢？古代讲鬼神，有两种基本的来源：第一种是人死为鬼，换句话说，鬼神就是我们的祖先。我们的祖先跟我们一样，也喜欢谦虚的人，讨厌骄傲的人。

另外一种是伟大的政治人物变成神，例如，古代有些人做官做得很好，好比管泰山的、管黄河的都是官，这些官死后就会变成泰山的神、黄河的神。

人世间伟大的政治人物变成神，我们的祖先是鬼，年代久了之后，鬼神就变成一个团体。人与鬼神在某种程度上可以互相沟通，但是，我们得先学会人与人之间的来往。

譬如，子路请教孔子如何服事鬼神，孔子说："你还不懂得怎么跟人来往，就不要想那么多了。"因为跟人来往，和跟鬼神来往的道理是一样的。鬼神是我们的祖先，你不可能跟鬼神处得很好，却跟人处得不好。这样一来，你就有谄媚鬼神的嫌疑了。

古人认为，鬼神是不能被蒙骗的，两国缔结盟约时，常常要请鬼神来做见证，代表双方定了盟约，谁违约，鬼神就会惩罚他。因此，两国定约的时候，都会留有这样一个文字数据。

再回到人的社会，看到谁谦虚了，就愿意肯定他；看到谁骄傲，志得意满，你虽然斗不过他，心里也会很讨厌他。所以，在这里可以说，"谦"给人的启发也特别深刻。

三、谦卦卦象和卦辞

谦卦的卦辞很简单："亨，君子有终。"意即："通达，君子有好的结果。"谦卦就是"亨"，通达；一个人谦虚，到处都走得通，有好的结果。

从卦象来看，下面是艮卦（☶），艮是山；上面是坤卦（☷），坤是地。下艮上坤，这是学术界的读法，一般人都不喜欢这样读，一般的读法会是"地山谦"，上面是地，底下是山。不过，我们画卦的时候，务必从下面往上画。不要想说既然是"地山谦"，就先画地，再往下画山，这就违背规矩了。毕竟习惯还是要照它的规则来，中国的文字虽然是从上往下写，但是《易经》的卦却是从下面往上发展。

谦卦六爻只有一个是阳爻，九三是主爻。一卦六爻，往往有一个爻是主爻，主爻最能表现卦的特色，等于是以它为主心骨，以它为脊椎。谦卦的九三最重要，因为另外五个爻全部是阴爻，"物以稀为贵"，当然是主。不过，不要以为只有阳爻才是"主"，如果倒过来，五个是阳爻，一个是阴爻的时候，阴爻就变成主爻了。

谦卦的卦象是一座山在底下，上面是地。山代表停止，因为山很高耸，有实力，有真才实学。然而，里面有真才实学，外面却跟平地一样，一望无际，非常顺从，所以外表给人完全没有压力。

一个人有学问或本事、有钱、有地位、有权力，最怕的就是仗着自己的能力、本事，给别人压力，这样就不合乎谦卦的原则。谦卦的原则是：不管有名利权位，或何等本事，都要把它们放在底下，外在表现得像是一片平原，对待他人非常柔顺，好像若无其事。因为人活在世上，有各种发展、成就，也有非常复杂的因素，就好比庄子所说的故事，即成语"朝三暮四"。

听到"朝三暮四"，大家都知道意思是指这个人不好，早上想什么，晚上又改变心意，没有恒心，说话不算话，没有原则。然而，庄子说的其实不是这个意思。他说：有一个人养猴子，养到后来没钱了，就和猴子开会商量，将食物改成早上三升栗子，晚上四升栗子。猴子听了都很生气，于是他说：那倒过来吧，早上四升栗子，晚上三升栗子。猴子听了都很高兴。

我们都知道，早三晚四和早四晚三，加起来都是七，但为什么猴子会生气或高兴呢？因为它们不会算术，只知道先吃多一点比较好，就像小孩子一样，没有概念。这代表整体是一样的，所以你不要受情绪干扰，好比有些人少年得志，有些人大器晚成。

在学习《易经》时，这些相关数据都可以让人联想到自己现在要"谦"，因为时机还没到。即使轮到自己发达了，也要谦卑自处，因为将来别人也会发达。得意的时候若是太骄傲，将来别人得意时，岂不是也要示威了吗？当自己顺利时很谦虚，别人看到了，将来他顺利的时候，也不至于在你面前过于嚣张。

在人生的过程中，没有谁是绝对的优势，一路顺到底，没有这样的人生。如果一路都很顺利，没有任何障碍，这样的人简直是不可思议，世界上不可能出现的。

我们都知道北宋苏东坡才华太高，一辈子都不太得意，屡次被贬谪。他越被贬，文章写得越好，这是他唯一的成就。但就他本身来说却很苦。后来，他年纪大了，有经验了，便调整自己的观念。他写了一首诗《洗儿》：

> 人皆养子望聪明，
> 我被聪明误一生。
> 惟愿孩儿愚且鲁，
> 无灾无难到公卿。

意思是：别人养孩子都喜欢小孩聪明，读书考试第一名。但是我苏东坡被聪明误一生，现在我只希望小孩子又愚又鲁。宁可笨一点、反应慢一点，但人生可以无灾无难地做到公卿。

这是做梦，人生怎么可能无灾无难做到公卿呢？苏东坡这种做父母的心愿令人感动，但是不切实际。为什么希望孩子无灾无难呢？事实上，灾难或困难才能锻炼一个人的生命，使他在过程中发展潜能，造就自己。

谦卦六爻详解

初六。谦谦君子，用涉大川，吉。

六二。鸣谦，贞吉。

九三。劳谦君子，有终，吉。

六四。无不利，㧑谦。

六五。不富以其邻，利用侵伐，无不利。

上六。鸣谦，利用行师，征邑国。

谦卦卦象

● 初六。谦谦君子，用涉大川，吉。

意即："初六。谦而又谦的君子，可以渡过大河，吉祥。"

为什么讲"谦谦"两个字？因为它在谦卦的最底下，本身是谦卦，初六又在最低的位置，完全符合谦卦。它之所以吉祥，是因为本身作为山的基础，有实力，但是很谦虚，且有本事渡过大河，当然吉祥。

在《易经》卦象中，能渡过大河的不多，只有七个卦。可以渡过大河，代表力量足够。通常这样的卦都有风（巽卦），或是有天（乾卦）。在这里，山（艮卦）的初爻也有能力渡过大河，就是因为谦虚。

渡过大河很不简单，因为古时候很少有好船作为渡河的交通工具，所以渡河是很危险的事。但是，它照样有这个实力和能力。可见一个人越谦虚，就好像跳高之前蹲得越低，就能跳得越高。这是第一爻。

● 六二。鸣谦，贞吉。

意即："六二。响应谦卑的态度，正固吉祥。""鸣"就是响应谦虚的态度。

谦卦只有一个九三阳爻，其他全部是阴爻，在这些阴爻中，第一个跟九三有关系的是六二，跟九三靠在一起。在《易经》里，讲六爻关系的时候，靠在一起的叫"比"，"比邻而居"。比邻而居有一个原则，如果阴爻在下，阳爻在上，就是好位置。因为阴爻在下，上面有阳爻，可以当靠山，所以很好。相反的，如果上面是阴爻，对阳爻来说就不是很好，对阴爻来说更不好。

在谦卦里面，跟九三有关系的有两个爻，一个是六二，另一个则是上面的上六。《易经》的六爻是由两个三爻卦所组成的，相对位置叫作"相应"。譬如，初和四、二和五、三和上相应，这很容易。相应最好的是阴阳相应，一阴一阳能够调节、会通，若两个都是同性，则相排斥。

这时你会发现，原来《易经》有这么复杂的"比应"原则。但这些都不是问题，慢慢熟悉之后，将来看每一个卦时，就能立刻知道要看哪些东西：

第一，它本身的位置当不当位？初、三、五是不是阳爻？二、

四、上是不是阴爻？

第二，下卦与上卦要相应。初和四、二和五、三和上相应，这些都是参考卦象好坏的标准。

第三，相邻的爻（比）怎么样？以谦卦来说，六二与九三相比，与九三有关的是上六，上六是阴爻，九三是阳爻，两个相对，阴阳调和。

六二的爻辞是"鸣谦"，响应谦虚的态度；上六也是"鸣谦"，响应谦虚的态度。爻辞是周文王所写的，他被商纣关在牢里七年，没事做，每天就是写这些，慢慢发现其中的规则。给你七年的时间，你大概也会写了。写出来之后就会有些道理，知道什么位置应该有什么样的反应。

再者，你在六二的位置，很好，六二本身就是好位置。而且是阴爻，在二是偶数，本来就是柔的位置。所以，你最好不要动，"鸣谦贞吉"响应谦卑的态度，能够"正固"就很吉祥。

●九三。劳谦君子，有终，吉。

意即："九三。有功劳而谦卑的君子，有好结果，吉祥。"

上文就讲过，九三是主爻，整个谦卦就靠九三。没有九三的话，谦卦就变成坤卦了。九三是"有功劳而谦卑的君子"，有好的结果，吉祥。像这样连续三个"吉祥"，在《易经》其他卦象中从未出现过，下卦三爻三个"吉祥"的，只有谦卦。

有功劳而谦卑的君子是谁呢？这就提醒我们，没有功劳很难谦卑。就好比一个人非常谦虚，有能力、有本事、有学问，才能谦虚。如果什么本事都没有，不叫谦虚，而是实事求是。

每一个人都有专长，当自己的专长胜过别人，也不要以为自己胜过别人。你应该想到，别人也有不同的专长。每一个人都各有专长，很自然地把自己的专长当作一般的事，就不会特别夸张，认为自己胜过别人了。人活在世界上，谦卑是一种最正常、最合理的态度。

想到谦卑，就想到骄傲。西方中世纪一千多年受基督教的影响，形成一种观念，叫"七戒"，其中骄傲排第一。有部电影，片名就叫 *SEVEN*（中译：《七宗罪》）。剧情描写有七个人被杀，每个人各犯了七戒的其中一项，第一个是骄傲，然后是贪财、好色、贪吃、嫉妒、愤怒、懒惰。

我们就要问了，为什么西方人如此讨厌骄傲，而我们如此推崇谦虚呢？这都有异曲同工之妙。西方人讨厌骄傲是受宗教影响，因为人是上帝造的，实际上是受造物，叫你活你就活，叫你死你就不能不死。

然而，万物之灵的人总会扮演上帝，意图与之对抗，这就是自大骄傲的想法。因此，当人一有骄傲的念头，马上就会被上帝毁灭。可见，西方最讨厌骄傲，是因为在宗教的影响之下，人要知道自己实际的情况，有生就有死。而一个有生有死的人，他的生命非常短暂、脆弱，没有任何理由骄傲。

有人说骄傲就是了不起、有本事。但我们都知道，人稍微风一吹就感冒了，稍微出个问题，马上就不见了。很多五十几岁的人，早上还在打球，下午就走了，这种事例很多。这说明人要谦卑，谦卑不是说修养很好所以谦卑，而是本来就应该谦卑，因为没有什么条件可以骄傲。

犹太人有句格言："人类一思考，上帝就发笑。"上帝发笑，不是开心地笑，而是在嘲笑我们。人类能想出什么花样呢？像罗丹的雕塑作品《沉思者》，雕像托着头在思考，那个姿势摆出来还能思考吗？身体都扭曲了，痛苦得很。

人要安分，因为谦卑才能实事求是，就人的立场做该做的事。人跟人相处，千万不要看不起他人，他人也是上帝造的，你怎么可以看不起呢？看不起别人等于看不起上帝，上帝当然不会喜欢你。由此可从西方的背景了解骄傲的可怕。

人最怕的就是狂妄，到最后发疯了。西谚有云："上帝要毁灭一个人，会先让他发疯。"发疯的人一定是骄傲狂妄得不得了，天下唯我独尊。例如金庸小说里那些想争武林第一的人，到最后都几乎发疯，好比西毒欧阳锋想争天下第一，最后走火入魔，忘了自己是谁。这是很讽刺的例子：狂妄、发疯，最后忘了自己是谁。

看过这些例子后，再回到谦卦，你就知道它为什么重要了。因为有功劳而谦卑的君子，每个人都会肯定他，而他也会有好的结果。

● 六四。无不利，㧑谦。

意即："六四。没有任何不适宜的事，只要发挥谦卑的精神。"六四为什么可以做到谦卑呢？因为它位置好。六是阴爻，四是偶数，代表柔的位置，阴爻在柔的位置就没有问题。我们可以发现，谦卦六爻中，六二很好，九三很好，六四也不错，再往上走就是六五了。

● 六五。不富以其邻，利用侵伐，无不利。

意即："六五。不靠财富就得到邻居支持，适宜进行征战，没有不利的事。"

六五很特别，因为谦卦上面三爻都是阴爻，六五在中间，本身没有财富，是虚的，得到邻居的支持。但是它有实力，利于作战、安定社会。

为什么这么说？因为再怎么谦虚，你也是个国君；六五等于是"飞龙在天"的位置。这时，光谦虚是不行的，身为国家领袖，不能谦虚到没有原则。而是要有威严，恩威并重。不能因为是国家领袖，表现得谦虚，甚至受到欺负也都不计较。这时的你，不是为自己，而是为了国家的稳定。

像周公这么谦虚的人，也照样派兵平定武庚之乱（管叔、蔡叔兄弟造反）。他再怎么谦虚，也要出兵，因为他知道这不是为了自己的权位着想，而是为了天下百姓。历史上讲到谦恭、谦卑的时候，常常会以周公做例子，原因就在这里。

现今的领导者该怎么做呢？学习刘邦吧。我们都知道，刘邦本身的才华，远远比不上张良、韩信、萧何三人。他自己都承认："我比不上你们三个人，但是我就是可以用你们。"为什么可以用呢？靠谦卑的态度。

可见，当一个领导者，更可以发挥谦卑的精神，因为这时你有实力，位置适当。但不要因为谦卑，就统统放弃了，什么都不做或什么都让别人做，那不是谦虚。

谦卑要看位置，在六五这个位置，谦卑的表现才有相当的力量，即刚柔并济。因为六是柔，五是刚的位置，柔、刚配合在一起，就是很好的状况。否则光只有柔，要怎么当领袖呢？

●上六。鸣谦，利用行师，征邑国。

意即："上六。响应谦卑的态度，适宜派遣军队，讨伐属邑小国。"上与六二一样，都是"鸣谦"。到上六的时候要"鸣谦"，这时也适合出兵作战，适合就是有利。

为什么上六响应谦卑的态度？因为上六与九三正应，阴阳对应；而六二与九三相比，阴阳相比。九三是整个谦卦的主爻，六二与九三相邻，上六与九三相应，所以这两爻都讲究"鸣谦"，这是呼应主爻的一种做法。

在这个卦里，初六"谦谦君子"，六四发挥谦卑的态度，几乎每一个爻都有特定的角色。从这里我们可以知道，原来每一爻是这样写出来的，每一句话的出现，都有特定的时间和空间。如此慢慢熟悉之后，我们再看谦卦，就变成一个立体的了，就知道你现在在什么位置。

任何一个位置的人都可以谦卑，绝对不能说年轻人应该谦卑一点，事实上，老人家也要谦卑。到了老的时候，乾卦是"亢龙有悔"，坤卦是"龙战于野"，还有各种灾难、战争，何况是别的卦？

四、谦卦的启示

我们学习一个卦的时候，要常常思考，可以从这个卦得到什么启发。很多人研究《易经》时不一定占卦，因为光是从义理就能得到很多启发。例如，我们可以从谦卦中思考：人生应该怎么办？谦卦六爻非吉则利，该怎么理解？这时就要问你现在处在哪一个位置，如果你达到九三的位置，那是一个检验，因为一般人有功劳就不会谦虚。老子特别强调："不自伐，故有功。"意即有成就时不自夸，如此一来，功劳就不会离开。

通常我们称赞一个人，会说他有功劳。若他谦卑地说大家合作才能完成，越是这样谦卑，大家越是肯定他有功劳。因为他不会因为有功劳，就站在上方欺压大家。如果他认为自己有功劳，就要占上风，摆出姿态来，要大家听他的，在老子看来，这样反而不好，功劳反而变成障碍。自认为功劳很大的人到了上位，会以为天下就只需要他一个人，但事实上没有那回事。有了功劳之后，还要得到别人支持，才能够维持长久。

在谦卦里面，如果考虑孔子的学生，最好的示范当然是颜渊了。颜渊在《易传》中经常出现，孔子有很多学生，但他最喜欢拿颜渊做例子。就像曾参说的，颜渊很了不起，本身学问很好，能力很强，但他还是会请教能力差的人。"有"好像"没有"，"多"好像"少"，"充实"好像"空虚"，这就是对颜渊的描写。

颜渊明明知道，为什么还要请教别人呢？实际上，颜渊的知道是理性上的觉悟。他确实知道，也确实有能力，但是每一个人不一样。例如开会的时候，你主张什么样的看法，别人不一定赞成。这时你就要设法让别人来说明他的主张。当别人在说的时候，你再呼应、附和，如此一来，效果就很大。否则，你主张"东"，别人主张"西"，到时候只会吵不完。

好的领导者就要让大家表达各自主张的东西，别人讲出来之后，你再说支持谁，这样大家都会觉得你很客观。但事实上，这一切都在你的安排之中。

颜渊是孔子最好的学生，子贡就曾经比较过，他说颜渊"闻一知十"，而自己只能"闻一知二"。古人算数以一到十为止，十代表圆满。当然，这是子贡的谦虚，但从另一方面来看，颜渊确实聪明。这时，孔子就对子贡说："你确实比不上颜渊，我跟你都比不上颜渊。"这又是孔子的谦虚。

像这种师生之间的关系真是了不起。孔子年纪比颜渊大了三十岁，比子贡大了三十一岁。他身为老师，没有必要说"我跟你都比不上颜渊"。但是不要忘了，后来韩愈的《师说》也强调："闻道有先后，术业有专攻。是故弟子不必不如师，师不必贤于弟子。"这样社会才会进步，如果每个学生都比老师差，那社会不是越来越差吗？当老师的就希望教出胜过自己的学生。看到许多年轻人在几年之后胜过我们，应该高兴才对，这样社会才会进步。

讲到谦卑时，不只是个人处事的态度而已，而是整个社会都应该发展谦卑的精神，这样每个人才会安分又能够负责任。

谦卑或骄傲，往往在比较的基础上才会出现。这时我们就要问了，需要比较吗？答案当然是要避免比较，一旦比较，就会涉及标准的问题。你在这个时候得意，稍微有点成绩，将来也会换别人得意。你得意的时候，别人难过；别人得意的时候，你也难过。如此一来，社会上怎么可能保持平衡、和谐呢？我们特别谈到谦卦，用意就在这里。

我们都知道，《易经》六十四卦代表了六十四种人生的处境、六十四种大的形势。而在这六十四卦里面，唯一只有谦卦是六爻非吉则利，下面三爻是吉，上面三爻是没有不利的事，都非常好。

【余韵】

谈到《易经》的谦卦，确实有很多启发，尤其是人在相处的时候，"谦虚纳百福"。一个人只要谦，"满招损，谦受益"，不但天道、地道、人道会来予以支持，鬼神也会相助。而谦虚最根本的观念，还是在于真诚。万物和人类都有一定的发展阶段，因此，我们不需过度夸张自己在顺利时的所有表现。

老子说："天地不仁，以万物为刍狗。圣人不仁，以百姓为刍狗。"（《老子·第五章》）古人在祭祀的时候，会用草扎成狗的形状，放在祭桌上，叫作"刍狗"。祭拜时，要向它跪拜，但是祭祀完之后，这些草扎成的狗就会被乱丢在地上，任人踩踏，或被捡回去当柴烧。

这说明天地没有偏爱，万物就是刍狗。现在是冬天，该开什么花就开，到了春天，就换春天的花开。每一个季节都有不同的花绽放，过了季节，就不要问它在哪里。当你"荣"时，兴盛的时候，就上台；当你"枯"时，别人让你下台的时候，你就下去吧。万物就是以这样的方式在轮转，作为人类，有什么好狂妄、骄傲的呢？

"圣人不仁，以百姓为刍狗"也是一样。圣人是悟道的统治者，悟道之后，统治老百姓就要以老百姓为刍狗。例如，先发展这个地方，将来再发展别的地方，不能说整个地区同时发展。现在发展沿海，接着再发展内陆；先发展哪一省，再发展哪一省，都有轮流顺序。不可能一直发展沿海，否则将来说不定要到海上去了，没有地方可以走了。任何地方都一样，都会有轮流上场的机会。

这是老子的智慧，看的是整体，没有任何偏爱，因为自然界的规则是客观的。

以上介绍谦卦，要把这些放在心中参考，看这个卦的时候，相信大家会看得更清楚、更透彻。

我们已经介绍了三个完整的卦：乾卦、坤卦、谦卦。后续再谈别的卦的时候，会以几个卦合起来的方式来说明，因为这样材料比较丰富。从这些卦可以清楚知道，自己处在人生的何种处境、状态，应该采取什么样的态度来面对、因应。

【《易经》小常识】

卦象歌与卦序歌

● 卦象歌

乾为天　天风姤　天山遁　天地否　风地观　山地剥　火地晋　火天大有

坎为水　水泽节　水雷屯　水火既济　泽火革　雷火丰　地火明夷　地水师

艮为山　山火贲　山天大畜　山泽损　火泽睽　天泽履　风泽中孚　风山渐

震为雷　雷地豫　雷水解　雷风恒　地风升　水风井　泽风大过　泽雷随

巽为风　风天小畜　风火家人　风雷益　天雷无妄　火雷噬嗑　山雷颐　山风蛊

离为火　火山旅　火风鼎　火水未济　山水蒙　风水涣　天水讼　天火同人

坤为地　地雷复　地泽临　地天泰　雷天大壮　泽天夬　水天需　水地比

兑为泽　泽水困　泽地萃　泽山咸　水山蹇　地山谦　雷山小过　雷泽归妹

● 卦序歌

乾坤屯蒙需讼师，比小畜兮履泰否；

同人大有谦豫随，蛊临观兮噬嗑贲；

剥复无妄大畜颐，大过坎离三十备。

咸恒遁兮及大壮，晋与明夷家人睽；

蹇解损益夬姤萃，升困井革鼎震继；

艮渐归妹丰旅巽，兑涣节兮中孚至；

小过既济兼未济，是为下经三十四。

第七章　面对困境的智慧

　　一个人在顺利的时候，往往不容易听人劝告，但是处在困境的时候，就会愿意去听。有些时候，我们不需要等别人建议，自己就可以了解。在《易经》六十四卦中，有所谓的四大困难的卦，即屯卦（☳）、习坎卦（☵）、蹇卦（☶）和困卦（☱）。屯卦是万事开头难；习坎卦是危机四伏；蹇卦是山穷水尽；困卦是坐困愁城。这些都是所谓的困境。

一、困境会激发成功的动力

　　困境真的那么可怕吗？其实不然，面对困境，很多人都有成功的经验，困境对他们来说，不见得是坏事。大家都知道中国的篮球明星姚明，姚明曾经在接受访问时说，他自己有五大缺点：第一是左耳听力有问题；第二是肩膀窄（当然我们看不出他肩膀哪里窄了，可能跟身高比例有关）；第三是手臂的长短与身高不成比例。一般人双臂张开的宽度就是身高，但他的手臂张开还不到个子高；第四是臀部大；第五是脚后跟跟腱短。

就因为这五大缺点，他才刻苦努力练习，最后克服之后，才得以出人头地。所以，对于运动员，千万不要以为他生下来就很厉害，没那回事。

又例如迈克尔·乔丹，他打篮球的镜头，实在是让人回味无穷。他说自己年轻时练习打篮球，每天要投进五百颗空心球，才让自己休息。知名的高尔夫选手老虎伍兹从八岁就开始学高尔夫球，打了十三年，到了二十一岁才拿到全美高尔夫球冠军。

我还记得美国以前有一位田径女将，参加奥运得到两面金牌，退役后改打高尔夫球，结果两年之后，就得到全美国女子高尔夫球赛冠军。体育报道纷纷说她是运动天才，但这位女运动员出来抗议，她说自己不是天才。从她练习打高尔夫球开始，每天挥杆一千多次，挥到手发抖、抓不住球杆为止。一年之后，球杆就跟手一样，就像连在一起了，爱怎么挥就怎么挥。这就是长期苦练，使技术变成本能、艺术了。

可见，成功没有侥幸，有时候困境反而会激发一个人成功的动力。我现在到处上课，很多人常说我口才不错。这实在是个误会，我从小就有严重的语言障碍，即口吃。你能想象吗？我读小学时，最怕老师叫我起来念课文，只要一被叫到，我就口吃，一个字重复几十次还念不出来，惹得全班大笑，有时候老师笑得最大声，我因此非常自卑。但是现在我为什么可以演讲呢？因为以前有过惨痛的经验，从这些痛苦中，我逐渐发展自己的专长，而这就是所谓的困境磨炼。

二、屯卦：万事开头难

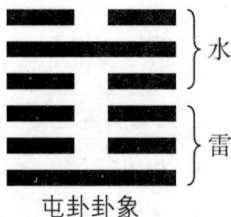

屯卦卦象

屯卦是《易经》的第三卦，卦象是"水雷屯"，上面是水（坎），底下是雷（震）。这个卦为什么排第三呢？因为天、地开始交通，天是乾卦，地是坤卦，阴阳交错之后第一个出现的就是屯卦。

屯卦代表的是自然界的洪荒时代，很多电影介绍洪荒世界的时候，像南美洲、非洲的原始丛林，都是这样，环境让人觉得很可怕，飞禽走兽都是敌人。在这种地方，人类要如何生存？人的体力太弱，跑不过马，力量也斗不过牛，任何一只野猪都可以把人摆平。

屯卦描写的"洪荒时代"，屯卦《象传》曰："屯，刚柔始交而难生。动乎险中，大亨贞。雷雨之动满盈，天造草昧……"意即："阳刚之气与阴柔之气开始交流，困难随之而生。在险恶中活动不已，要使一切通达而正固。打雷下雨遍布各地，上天的造化仍在草创冥昧的阶段。"

我们常说，我们的祖先"筚路蓝缕，以启山林"。这说明了万事开头难，在这个时候，应该先安定下来，因为即使想发展也没机会。屯卦下卦是震卦，代表动；上卦是坎卦，代表危险。就好比刚刚有了机会，准备好好发展，但上面是水，有危险。里面想动，外面有危险，怎么动都不会有结果的。

屯卦卦辞说："屯。元亨利贞。勿用有攸往，利建侯。"意即："屯卦。开始、通达、适宜、正固。不要有所前往，适宜建立侯王。"卦辞告诉我们，不要急，要安定下来，先建立人间的部落，找一个好的领袖，因为人群合作是人类社会继续生存的第一步。假设要创立新公司，不要马上图发展，首先得稳定基础，建立内部秩序。

安定不容易，因为看到别人的发展，自己会心急。别人一日千里，几年下来变成大企业，自己则还在原地踏步。不要着急，因为你才刚刚开始，如果基础没有打稳，将来的发展也不会太远。

屯卦就是要提醒我们，在刚刚开始的阶段，一定要记得先稳定下来，打好基础。有时候安静、稳定，也是一种很好的决策，是一段蓄势待发的阶段。

屯卦接下来是蒙卦，蒙卦代表启蒙。由此可知，原来历史的发展也像小孩子一样，眼睛蒙着只靠本能很危险，必须启蒙。

屯卦有"坎"在上，坎代表陷阱、危险。如果非走不可、非动不可，从以下的六二、六四、上六三爻爻辞就可以知道。

● "六二。屯如邅如，乘马班如。匪寇婚媾，女子贞不字，十年乃字。"

意即："困难重重，徘徊难行，骑上马也是团团打转。要是没有盗贼，就前去结婚了。女子守正而不出嫁，十年才可出嫁。"

● "六四。乘马班如。求婚媾，往吉，无不利。"

意即："六四。骑上马而团团打转。若是要求结婚，前往是吉祥的，没有什么不适宜。"

● "上六。乘马班如，泣血涟如。"

意即："上六。骑着马团团打转，哭泣得血泪涟涟。"

由爻辞可知，骑上马团团转，寸步难行。很多时候，我们都希望能够一日千里，立刻就有成绩。结果发现时机不成熟、条件不具备，还是原地打转，白费力气。

因此，看到屯卦就要知道，任何时候的开始都不要着急，先稳定基础。假设你高中毕业，进大学的第一年是新生，要少安毋躁；大学毕业后进入社会，也不要着急，因为你才刚刚开始。

对照别的卦也可以发现，乾卦都说"潜龙勿用"了，何况是屯卦呢？骑上马团团打转，这就强调了不会有发展。那么，就先建立自己的基础。万事开头难，开头是危机，也是个转机，把握住这个契机，后面就不会有危险了。慢慢发展，会有很好的未来。这是第一个困难的卦——屯卦。

三、习坎卦：修德习教，诚信为上

习坎卦卦象

第二个困难的卦是"习坎卦"。"习"代表重复，上面是水，底下也是水，两个坎在一起，就叫"习坎"。这个卦一出现，我们就知道得小心了，因为重重险阻，步步危机。这时只能希望"无咎"，不要有灾难。

当碰到危机的时候，不要希望立刻反败为胜，这时要求的是能够诚信。人在困难的时候，要保持诚信。为什么可以做到诚信呢？我们看卦象，九二和九五中间两个位置都是实在的，而另外四个位置是虚的，代表中间很实在，内心很真诚，别人可以相信你。

危险不见得不好，有时候危险会提醒你，让你更谨慎。而且水流是有常性的，"流水不腐"，流水里面的东西是不会腐烂的。讲到"险"这个字，人生也不能没有危险，古代就有天险、地险、人险。天险就是春夏秋冬所造成的季节变化，是人类无法克服的。地险就是所谓的"高山大河"，古代建立城邦，就要注意这些。

孟子有一句话可以作为参考："天时不如地利，地利不如人和。"天时就是气候、季节。要进攻一座城堡，有天时才能把它围住。围了半天打不进去，表示它有地利。地利就代表这个地方易守难攻，若要成功攻城，攻城的人要比守备的人多好几倍的人力。

接下来是"人和"。明明守得住，为什么失败呢？因为内部不和。人生不可能只是个人奋斗，如果是团体，就要设定某些危险。"险"代表设定障碍，不让别人攻进来，自己可以得到保障。"人险"就是设法设定某些法律规章，违背了就要受到制裁，这样才能保障大家的安全。

因为危险，所以知道如何设法求得平安。如果没有任何危险，当碰到危险时就来不及了。习坎卦是重复的坎卦组合，也就是重重的危机，尤其从最下面往上一看，一个坎接着一个坎，会觉得压力挺大的。

在事业或各方面奋斗的时候，往往会碰到"习坎卦"的情况。这时有个原则，就是要做到"无咎"。不求有功，但求无过，因为形势比人强。不能说任何情况都要抗争、奋斗，有时候要能够收敛，看时机量力而行。

孔子有很多好朋友，其中有一位卫国的大夫，名叫蘧伯玉，孔子特别称赞他："邦有道，则仕；邦无道，则可卷而怀之。"（《论语·卫灵公》）意即蘧伯玉是一位君子，国家上轨道，他出来做官；国家不上轨道，他就"卷而怀之"，把自己像纸一样卷起来，不出来做官了。

国家上轨道的时候，做官没问题；如果不上轨道，那就很危险了，你没有必要白白牺牲。这时要退下来，等待时机改变，等待机会出现。可见，儒家的思想也是一样，认为不宜硬碰硬，不能无畏危险，进而冒犯。什么"富贵险中求"，求了半天，说不定就活不下去了。

这就是《易经》的智慧，碰到"习坎"的时候，要记得诚信，因为流水不断地在流动，有恒性、有常性。"习坎"的"险"提醒你如何设定障碍，使自己不受到别人的侵犯。对自己来说，要能从危险中找到出路，等待适当的时机。正如习坎卦《大象传》云："水洊至，习坎。君子以常德行，习教事。"意即："水连续不断流过来，这就是习坎卦。君子由此领悟，要不断修养德行，熟习政教之事。"所以要修德，熟悉各种教化之事。这是第二个困难的卦——习坎卦。

四、蹇卦：反省自己，修养德行

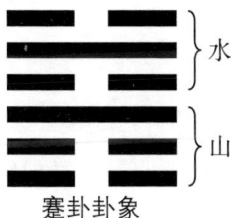

蹇卦卦象

第三个困难的卦，叫作"蹇卦"。蹇卦就比较有趣了，它是"水山蹇"。"蹇"字很特别，底下是足，等于是脚走累了，走不动了。人生到这个时候，叫作"山穷水尽"。我们都知道，山本来是阻挡，看到山（艮）就停止；艮就是止，水就是危险。如果说水在上，山在下，山已经是阻碍了，山上还有水，还有危险，谁还能走呢？

碰到蹇卦怎么办呢？我举一个例子：二〇〇七年暑假，我在北京前后待了四十多天。从台湾出发之前，我占了一卦，就占到蹇卦。蹇卦代表什么？很累，困难重重，因为我第一次在大陆待这么久。蹇卦底下是脚，代表会走得很累。我于是想到一个办法，到北京之后，只要有空，隔天晚上都会去做足底按摩，因为卦象显示底下有双很累的脚。结果，那四十天就靠足底按摩恢复精力，过得还不错。

对我来说，看到这个卦，提醒自己要做足底按摩，这是巧合，也是灵感，因为古人并没有足底按摩这一套。我们学了《易经》之后，心思要灵活，千万不要"一言以蔽之"，认为一个解释就能通到底，没那回事。《易经》的可贵就在这里，让你充满各种想象的空间，因为它本身就是符号象征，有很多的可能性，就看你如何就地取材。

碰到蹇卦，就是碰到阻碍，这时该怎么处理呢？很简单，退回去。也就是在适当的时候要顺从，不要勉强；在这个阶段，一切都顺从外面的安排。这时，不要有个人主观的立场，坚持一定要如何。就算坚持，也不见得做得到。因为这一卦是大的形势，形势比人强，所以在这种情况下，要设法顺从，做自己能做的事。

在《孟子》中，就强调"反求诸己"。以上述我自己的例子来说，很多人可能会问，既然占到蹇卦，怎么不退回去，为什么还要到处跑呢？因为已经有计划了，而毕竟蹇卦还没有到伤害生命的地步，所以要继续进行。只要心里知道这是蹇卦，进行的过程中心里有数，保持低姿态、低调、顺从就好了。

也就是说，任何问题都要先问自己，不要归咎于别人。譬如，遇到有困难时不要怪别人，要先怪自己。这就是孟子的原则，他说："爱人不亲，反其仁。"我如果对别人好，别人并没有对我这么样亲近，我就要问自己，是不是不够仁德；我爱护别人，别人跟我疏远，不愿意跟我亲近，我就要问自己是不是不够仁德。

教书教久了，有时候会觉得有点遗憾。我对学生很好，但学生看到我就跑。学生一般都不太喜欢跟老师照面，照面时，我会问对方最近有没有读书、功课怎么样。这对学生来说就有压力了，因此，以后只要一见到我就转弯。我对学生这么好，学生对我不够亲近，我不能怪学生，要反省自己是不是不够仁德、不够爱心，应该对他们更好。这是第一。

第二，"治人不治，反其智。""治"即治理别人，别人不上轨道，我就要问自己够不够聪明。因为我当一个小单位主管，治理别人，治了半天还是无法上轨道，这时不要怪别人，要怪自己是否不够聪明，以至于没有找到理想的治理方法。

第三，"礼人不达，反其敬。"我对别人很有礼貌，但是对方根本就不回应我，甚至不太理我。这时，我要问自己是不是不够恭敬，否则我表现得很有礼貌，对方为什么对我不太搭腔呢？这代表我虽然有礼貌，但是态度恐怕不够恭敬。

我们知道，孟子给人的印象很强势，大家都说他喜欢辩论。孟子说："予岂好辩哉，予不得已也！"（《孟子·滕文公下》）他是不得已，因为作为儒家，一定要先自我要求。

看到蹇卦时要记得，如果此路不通，就先返回；要"反身"自我要求，"行有不得者，皆反求诸己"。做任何事，没有达到预期的标准，不要怪别人，要先"反求诸己"，自己是不是做得不够好？是不是没有用心把事情完成？这就是蹇卦，第三个困难卦。

五、困卦：天无绝人之路

困卦卦象

第四个困难卦，就是"困卦"。"困"就是不能施展，坐困愁城。困卦是泽水困，沼泽里没有水了，水都从沼泽底下流走了。

没有水，根本就不成沼泽。很多人喜欢沼泽，是因为它带来喜悦（兑卦代表喜悦），在古代，沼泽的水是人和其他动物所必需的。"泽水困"则是泽在上，水在下不见了，这就叫作"困"，无路可走。

"泽水困"是无计可施，特色是"有言不信"，说话别人不会相信。什么意思呢？我们都知道，一个人陷入困难之中，说的话周遭的人都不愿意相信，因为锦上添花的人多，雪中送炭的人少。当你困难的时候，别人帮助你，不是也会跟着陷入困难了吗？帮你再多的忙，也不知道这窟窿有多大、能不能帮成，所以还是避开得好。

一般人都有这种想法，看到对方倒霉的样子，不太能够翻身了，我们都会避开，反正人生的困难自己要去面对。我们自己陷入困难的时候，不也是一样吗？大家都知道你陷入困难，"坐困愁城"，但别人不愿意帮忙，你说话别人也不太相信，再怎么诚恳也没什么用。这确实是真正的困难所在。

遇到这一卦，该怎么办？要祭祀，例如："九二。困于酒食，朱绂方来，利用享祀。征凶，无咎。"意即："九二。困处于酒食中，大红官服刚刚送来，适宜用来祭献。前进会有凶祸，没有灾难。"此外，"九五。劓刖，困于赤绂。乃徐，有说，利用祭祀。"意即："九五。鼻被割去、足被砍去，困处于红色官服中。于是慢慢行动，可以脱离困境，适宜举行祭祀。"

一卦六爻中出现两次祭祀，这种情况很少。我们都知道，古人把祭祀当作生活中最重要的一部分。譬如夏、商、周三代，商朝人对于祭拜鬼神特别用心，后人就批评商人尚鬼。商朝天子一年有一百一十二天要到庙里祭拜祖先。一年不过三百六十五天，换句话说，几乎每三天就有一天早上起来要到祖庙祭拜祖先。这说明他们太相信祖先的力量了。

到了周朝，就比较相信人文，比较相信人自己的力量了。周公制礼作乐，孔子特别推崇他，这跟他的人文精神有关。但是，祭祀的风气在商朝如此，在周朝也有类似的情况，尤其是在困难的时候。试想，在困难的时候，呼天天不应，叫地地不灵，没有人愿意帮忙，因为你说话别人不太相信。

人在困难的时候，为求脱困，有时候什么话都说、什么事都答应。例如，跟人借钱周转时，什么话都说得出来："把房子卖了也会还你。""下个月绝对还你。"我就碰过这样的朋友，表现得很诚恳，而我就是没有记住《易经》的教训：一个人在困境的时候，说话要打折扣。还是相信他了，因为我们受到儒家的教育，总觉得朋友的情义超过财物。但是，对方借了钱以后人就不见了，他也不是故意骗我，实在是无能为力。这就是帮忙他人时，自己也陷入困境。

这时不要急，人在困难的时候，在世上找不到出路，还有祖先。所以这时要祭祀祖先，祭祀的时候，心神会专一，心会静下来，好好思考自己为什么会走到这一步，以后就不会重蹈覆辙。

倘若遇到困难，得到别人的帮助，过了几年，情况还是一样。

因为人的性格会决定命运，什么性格就会做什么事，最后的结果经常都是重复的。黑格尔说过一句很好的话："人类从历史中只学到一个教训，那就是人类没有学到任何教训。"也就是说，一个人会重复犯下过去曾犯的错误，国家、社会也是如此。

这时讲到祭祀，代表把心思往上提升。《易经》有好几处都提到祭祀，一方面是因为在古老的年代，人类本身的能力有一定的限制，知识也不够发达，对自然界的了解更是有限。

古人之所以重视《易经》，是因为天子有困惑时，有五种方法解惑：一、自己好好思考；二、找各部门的大臣来商量；三、询问老百姓的意见；四、杀一只乌龟，用龟壳占卜；五、用《易经》占筮。最后，五个方法合起来再问：要问的问题是哪一方面？因为不同方面的问题，要看不同的组合，哪几个赞成？哪几个反对？然后综合各方面的意见，提出一个妥善可行的决策。

由此可知，古代在面对困境时，也需要透过占卜、占筮，向神灵祖先请教。因此，走入困境的时候，千万不要忘了上有祖先。

我们常说："天生我材必有用。"这句话说得太远了，最稳定的应该是："天无绝人之路。"自己陷入这一困境，总有路可以走。人生一定有路可走，只要你活下去。在困卦里面，不能忽略这些意思。

六、《易经》中的祭祀

《易经》谈到祭祀的时候，有几个卦很有趣，这里顺便提一下。第一个是萃卦（☷☱）。人群聚在一起的时候，要祭祀祖先，因为人群聚在一起，就会开始各种利益的竞争，到最后大家会见利忘义。祭拜祖先就代表要收敛，心存祖先，很多利益就愿意和别人分享，而不是自己独占，使得其他人无法生存。

第二是涣卦（☴☵）。人群分散的时候，要祭拜祖先，否则国家、社会，一分散就都跑光了，国家就不存在了。

《易经》经常会出现有关祭祀的建议，对于这些，我们要知道：人活在世界上，一方面有自己的限制，另一方面，自己的生命不是凭空而来的，是上有祖先，下有子孙。透过祭祀，可以让心收敛，回到一个比较正常的情况，不要只看现实的利害关系。一般人的困境，常常是现实上碰到困难，事实上，如果转个弯，调节一下自己的欲望和需求，人生马上就会变得不一样了。

对于某些宗教现象，我在这里顺便做一个简单的说明。很多宗教方面的活动，目的不在于我们表面所见的。譬如伊斯兰教徒一生中要去一趟麦加朝圣，麦加有一块黑石，被视为神圣的石头。然而，现在去朝圣的意义不大，因为一坐飞机马上就到了。朝圣只在古时候才有意义，因为要长途跋涉，就好像很多人笃信佛教，朝圣时必须步行，有时甚至是三步一拜。

对现代人来说，重要的不是有没有去朝圣，而是朝圣的过程。

在朝圣的过程中，很痛苦、很烦恼，心里想的是："我要去哪里？"然后开始收敛自己，知道人生的路本来就充满痛苦和烦恼，必须到朝圣的地方才能得到安慰、解脱。

在这个过程中，整个生命离开现实世界的家，因为现实世界的家对你来说，只是一个过客，不是归人。这个世界对每一个人都是过客，有谁在世界上找到真正的家呢？宗教有一句话很重要："把世界当作一个桥梁，不要在桥梁上建你的房子。"只有心灵通过这个世界的检验，生命才会变得纯粹、净化，不再带有任何杂质。

将祭祀与当代宗教现象对照来看，就知道原来宗教有这么大的作用。如果完全不相信宗教，人很容易陷入现实世界的成败得失中打转，稍微成功就得意，稍微失败就难过，碰到困难就想放弃，甚至出现抑郁症。《易经》的思想之所以值得我们学习，正是因为它说明了人生的困境，让我们可以更加容易化解。

【余韵】

一般研究《易经》的人认为，《易经》有四大难卦，我们可以把它推至人生四种现象、四种处境来看。

一、屯卦，万事开头难。屯卦告诉我们，在人生中，不管是建立事业，还是建立家庭或其他方面，刚开始一定是最难的。这时，就要心存谨慎，思考怎么先安定下来，把基础打好，安定之后再寻求发展。

如果占到屯卦，却非进行不可的话，它里面也提到，即使你骑上马，也是团团打转，因为有大雷雨。因此，由屯卦可知，任何事都要注意形势。

二、习坎卦，重重危险。这时候该怎么办？要特别诚信，开始修养德行。很多时候，危机就是转机，在危险的情况下，尤其要掌握到九二和九五两个阳爻。这两个中间的位置是实实在在的，只要中间把握住了，另外四个阴爻就没有多大的关系了。因此，在习坎卦里，要特别注意诚心，要能够知险，谨言慎行。

三、蹇卦，出门在外，底下是足，代表走路不顺。"水山蹇"，山叫你停止，水又代表危险，几乎是穷途末路，面临山穷水尽的状况。有句诗句说得很好："山重水复疑无路，柳暗花明又一村。"（陆游《游山西村》）碰到蹇卦的情况，就要回头，"回头是岸"。而且，不只是回头，还包括自我反省。回头代表自我要求，孟子说，跟别人来往，"行有不得者，皆反求诸己"。回过头来要求自己，就会改善自我，改善之后再进行，路就通了。

人生不可能要求事事顺利，那不是人生，我们一再强调这一点。台湾有句俗话说得很生动："吃苦就是吃补。"小孩子如果没有经历任何痛苦，将来很难发展。柏拉图是西方的大哲学家，没有结婚，但是他对于小孩子的观察，有一句话确实说得很好："要害一个孩子，最有效的方法就是让他心想事成。"尤其是三四岁的小孩子，完全满足他的欲望，这个孩子将来就是废物了，完全没有抗压性，情绪智商也很差，无法忍受挫折。

相反的，小时候很多欲望不能实现，可以让人了解自己，接受自己的位置，然后从中发展。小时候有痛苦、有困难，反而是培养训练自己最好的机会。因此，"反求诸己"是一个很好的立足点。

四、困卦，真正的困难来了。泽中无水，简直是坐困愁城，一筹莫展。说话也没有人相信，因为别人一心认为你想逃避困难。人在困难的时候，什么话都愿意说、什么约都愿意签，签了之后变成废纸。

困卦提醒我们要祭祀，你不一定要信仰宗教，但家里面至少有祖先。祭拜祖先的时候，要收敛心神，知道自己的生命是有祖先的。这一想通之后，就能在困境中开始改变心态，用不同的态度来面对目前的处境。到最后，困境也会过去的。

每一个卦都有它的特色，不是固定的，不可能一辈子都在困卦里，一定是不断在变的。就像困卦倒过来会变成"水风井"，井卦就不一样了，是一个很好的卦。可见，《易经》的每一卦与其他很多卦都有关系，稍微一个爻变，就会变成新的卦。这说明了在遇到困难的时候，只要在某方面设法调整，改变一点点因素，后面就会跟着改变。因为《易经》是探讨变化的书，其中充满无限的变化。

水

风

井卦卦象

　　我们谈到面对困境的智慧，因为人生的困境是难免的。碰到困境的时候，不但不要灰心、气馁，反而要认真了解当下是何种情况，是"屯"、"习坎"、"蹇"，还是"困"？

　　当然，除了这四个标准的难卦，其他还有困难的卦，只是这四个比较具有代表性。在《易经》当中，若要细分，六十四卦中有三十二个是比较顺利，三十二个比较有困难的。接下来还会谈到哪些卦很顺利，为什么可以吉祥？为什么可以顺利？了解之后，就可以往那个方向去发展。

　　整部《易经》的思想，经由这样一路慢慢介绍下来，希望读者可以从中开始理解。书当然要读，但关键是读完之后，放进自己的生命经验里，对照时尽量保持客观。很多事不是你要就有，与其如此，不如先设法了解，了解之后才能采取适当的方式来面对。我相信以这种方式和态度来学习《易经》，对人生才会有真正的帮助。

【《易经》小常识】

《易经》问卜用语

在开始占卦时，先在心中默念："假尔泰筮有常，某（自己名字）今以某事（想要占问之事），未知可否。爰质所疑于神之灵，吉凶、得失、悔吝、忧虞，惟尔有神，尚明告之。"

《易经》卦爻辞对吉凶下的断语，依序可分为九个等级：

● 吉：吉祥、吉利，成功之象。

● 亨：畅通，顺利。

● 利：有益，适宜。

● 无咎：没有过错，平平常常。

● 悔："小疵"，有过失而悔恨，能接受教训，走向"无咎"，趋向"吉"。

● 吝：也是"小疵"，羞辱，但不知羞辱会走向"凶"。

● 厉：危险，但吉凶未卜。按照卦爻辞的指示做就能化险为夷，反之则是致凶，变本加厉。

● 咎：出现过失，要承担责任，比凶的后果要好一点，但灾害是免不了的。

● 凶：凶恶、凶险，最坏的后果。

第八章　自求多福的方法

"自求多福"四个字，在《诗经·大雅·文王》就出现过："永言配命，自求多福。"意思是要设法经常配合自己的使命，以自求多福。一个人要自求多福，当然得靠自己，首先要知道大形势，譬如自己处在什么位置，别人跟我是什么关系、目的为何？了解得越多，越能掌握到自己的主动性。

西方有个小故事：有个小女孩在旅馆门前，很多人拿她开玩笑，让她选择要一块钱还是五毛钱，小女孩每次都选五毛钱。大家就说，怎么会有这么笨的孩子，怎么会选择五毛钱呢？其实，因为小女孩知道，如果选一块钱，下次就不会有人找她玩这个游戏了。像这样就是了解自己的处境，以及别人的心态。如此一来，与人互动的时候，就知道该采取何种方式，以达成效果。

接下来要介绍的几个卦，是《易经》中很特别的卦象。有的卦在卦辞中直接提到"元吉"，即上上大吉；有的卦则在第六爻说到"元吉"。"元吉"在《易经》里出现不过十几次，在此特别挑选其中四个卦来做说明。有两卦是卦辞说"元吉"，只要占到这个卦，上上大吉；另外两个卦是走完的时候说"元吉"。平常一个卦走到最后不是上六就是上九，通常都不太好。一个卦结束的时候，等于是要下台了，要离开这个卦了。因为每一个卦都代表一个世界，上有天、下有地，中间是人，不断在运转中。

一、损卦：损己利人

首先要介绍损卦（䷨）。损卦卦辞说："损。有孚，元吉，无咎，可贞。利有攸往。曷之用？二簋可用享。"意即："损卦。有诚信，最为吉祥，没有灾难。可以正固。适宜有所前往。要使用什么？二簋就可以用来献祭。"除了卦辞中出现了"元吉"，同样在第五爻（六五）也出现了"元吉"："六五。或益之十朋之龟，弗克违。元吉。"

关于损卦，孔子有个学生，名字正好叫作"损"，就是有名的闵损，即闵子骞。闵子骞以孝顺闻名，在孔子学生当中，德行排名第二，仅次于颜渊。他从小母亲过世，父亲娶了后母，又生了两个弟弟。有一次，冬天的时候，父亲叫他拉车，他拉不动，父亲于是用皮鞭抽打他，结果把棉袍都打破了，才发现棉袍里面是稻草。父亲当然很生气，认为妻子怎么可以虐待孩子，非要把她休掉不可。闵子骞当时就说：千万不要这么做，"母在一子寒，母去三子单"。

一个孩子能说出这样的话，真的很令人感动。他了解自己的处境，也了解家里面需要父亲、母亲，所以宁愿自己吃亏受委屈。这种行为表面上看起来，好像不太聪明，事实上他是了解到各种情况。难道闵子骞小时候就懂得《易经》吗？当然不懂。但是很多时候，只要用真诚的心去做事，在思考如何与人建立关系时，就能想得透彻。

"损"这个字，老子和孔子都说过，跟它相对的是"益"。就像做生意都要看"损益表"，检视哪一方面花了钱、哪一方面赚了钱。孔子提到"损"，是描述客观的现象。他说：商朝从夏朝接过礼，就进行"损益"，去掉一些、增加一些；周朝把商朝的礼接过去，也是去掉一些、增加一些。可见，礼的改变，也是损益，减少一些、增加一些。就好比今天的婚丧喜庆仪式跟古时候不一样，是慢慢改变而来的。

孔子的"损益"二字，等于是我们平常讲的增加、减少而已。老子讲话就更有趣了，老子说："为学日益，为道日损，损之又损，以至于无为。"（《老子·四十八章》）若要追求学问，就要每天增加一点，因为天天读书，很快就会发现自己学了不少东西。但是，若要追求"道"，就要每天减少。"道"代表整体，你在整体里面，增加越多人类的思想，与整体恐怕会越隔阂，距离越远。因为增加了许多个人的想法，即所谓的知识，反而会看不见最后的真实。

老子说，要追求"道"、追求真实，就要减少许多人为的想法、意见、观念及欲望。"损之又损，以至于无为"，减到最后，什么都不要做。随后他又加了一句："无为而无不为。"什么都没做，就等于什么都做好了。当想做某件事，就会开始设计，人的设计一定有其后遗症。即使是好事，也都有代价，就像我们现在发展经济，环境就受到了压力。可见，老子提到的"益"跟"损"，跟孔子的不完全一样。

讲"自求多福"，怎么会提到损卦呢？"损卦"最基本的观念是"损己利人"，与我们平常所说的"损人利己"正好相反，这才是损卦的用意。而损卦之所以是"元吉"，上上大吉，也正因为它讲的是损己利人。

而且，从卦象来看，从下往上为初九、九二、六三、六四、六五、上九，是"山泽损"，上面是山（艮），底下是泽（兑）。我们到任何地方参观风景，真正好看的山是沼泽中的倒影。一般来说，比较大的沼泽就是湖，"湖光山色"正是我们所向往的美景。再者，沼泽在底下，对山上的植物、动物，甚至矿物，都有滋润作用。可见，沼泽是帮助山的。沼泽本身是平的，山是高耸的，等于底下的沼泽帮助上面的山。也可以换个角度，下卦是我，上卦代表别人，我损己利人，不要求什么。

损卦卦象

损卦有一个阳爻在上面，等于是卦有卦的变化。损卦的变化很简单，因为上面的上九是从底下上去的，所以底下减损一个阳爻，等于是上面一个阳爻，才能形成一座山。这是损卦的基本卦象，我们看每一个卦时，会先看卦象。卦象往往配合了所谓互动关系所形成的自然现象，由此可以开始联想，为什么"山泽损"的损是好的——因为损己利人。

损卦需要几项条件，第一，要诚信。要真诚、有信用，愿意去做，不是勉强，也不是为了别的动机或目的。第二，要有奉献的心。有奉献的心，就不用为自己担心，因为你愿意做损己利人的事。当一个人损己利人，自然会到处受到欢迎。有时候在一个单位里面，有一个人甘于牺牲奉献，任何劳累、辛苦的事，他都愿意做，毫不计较，时间久了之后，大家都会觉得这个人很好相处、很愿意帮忙。

现代社会是一个用服务代替领导的时代，愿意损己利人，当然会普遍受到欢迎了。这也完全符合老子的观点，也就是领导别人时，要站在别人后面，不要站在别人面前给人压力；说话时要谦卑，让别人感觉受到尊重。

我们且看损卦的《大象传》："……君子以惩忿窒欲。"损卦有什么样的教训呢？"惩忿窒欲"，意思是说要能够压制自己的愤怒，谨慎戒惕自己的欲望。毕竟人的欲望很复杂，愤怒的时候力量最大，因为生气、愤怒会使人失去理性。

人跟人相处，有时会觉得不公平、不合理，这时自然就觉得自己生气是有道理的。生气是一种情绪，会带动力量，所以当人愤怒的时候，力量特别大。

因此，修炼的时候就要从愤怒着手，生气时要设法压制、消解；有欲望时就要让它窒息，不再发展。欲望得到发展，一定是倒过来——损人利己。因为欲望总是以自我为中心，这是很自然的。

有人问：为什么要违背人性自然的欲望，不是"人不为己，天诛地灭"吗？这句话太可怕了，没有什么道理。人不自私，还不是一样活得愉快、活得很好，而且受人欢迎。

一般来说，跟别人相处，要考虑到对方的需求，对方得到快乐，我们自然就得到快乐。就好比孩子孝顺父母，让父母快乐，孩子就是第一个受益者。当然，孝顺不是为了对自己有利，而是要设法让父母开心，父母开心，自然就会对孩子好。

人与人之间，有时候先付出，看起来会有点冒险、吃亏，事实上，恐怕最后自己得到更多。而且付出越多，越觉得自己内在充实，因为你会感觉到人与人心意相通。物质只是有形可见、可以计算的东西，可多可少、可有可无。但是心灵是感觉得到的，自己知足常乐，对外在事物没有特别的执着，就是件很快乐的事。

谈到"利己"与"利他"，西方有这么一个简单的故事：很多美国学者根据研究之后，觉得人还是会为自己着想。例如，等飞机时，有人心里会想"别人的飞机都来吧，我的飞机不来没关系"吗？没有这种人，每个人等飞机时都一样，都希望自己的飞机能够准时起飞，别人的就管不着了。

因此，美国有位教授一直教导学生："我们就是替自己考虑，讲求利己。"结果有一天，这位教授上街的时候，后面跟着一个学生，但他并不知道。他听到旁边的乞丐大声喊："可怜我吧，给我点钱吧。"便真的给了他钱。这时，学生立刻跑上去说："老师，你不是教我们要利己，不要利他吗？你为什么还要给那个乞丐钱呢？"教授回答："我还是在利己，因为他叫的声音太难听了，我听了很难过。为了使我自己不难过，我只有让他闭嘴；为了让他闭嘴，才给他钱。"换句话说，利己的同时，也可以利他，两者并不互相妨碍，与损己利人其实是殊途同归。

这是我们第一个介绍的"损卦"，损己利人，以下来帮助上，等于是"山泽损"的"泽"帮助"山"。总的来说，损卦是损下益上，下为内，为己；上为外，为别人。能做到损己利人，表示"有孚"（赢得信赖），然后就"元吉，无咎"，并且"可贞"。以诚信与人交往，以己之能来帮助别人，所以"利有攸往"。

二、履卦：一切依礼而行

第二个要介绍的卦，走到最后出现了一个"元吉"，叫作履卦（䷉）。"履"字，即依礼而行，但是"履"和"礼"二字要分开。"履"代表鞋子，代表走路。人生就是走路，西方人很喜欢说：人生就是旅行。正因为人生就是旅行，所以我们才说生命在天地之间只是一个过客，不是归人。因此，这时就要注意到礼仪、礼节、礼貌。

人与人相处，为什么要讲"礼"？古代讲究"礼乐"，讲"礼"，使人与人之间分得很清楚，例如"长幼尊卑"。一提到长幼尊卑，就觉得很严肃。我们小时候看到长辈都会很紧张，大人说话，小孩子不能插口；吃饭时大人没动筷子，小孩子不能吃，这些都是我们小时候学到的礼。可见，礼的原则是"分"，为什么要分？因为人与人不能够一天到晚打成一片，没有规矩怎么建立人间的秩序呢？

"礼"也是规规矩矩的态度。一谈到"礼"，首先就要鉴定身份：你是什么身份，我是什么角色，我们之间应当如何？"应当"两个字就代表规矩，一定要遵守。孔子教学生颜渊时就说："非礼勿视，非礼勿听，非礼勿言，非礼勿动。"（《论语·颜渊》）视、听、言、动，都要按照"礼"来做。孔子自己也不例外，他说他自己"七十而从心所欲不逾矩"，到了七十岁才能"从心所欲"而不会违背规矩。他在七十岁以前，"从心所欲"偶尔还会"逾矩"。

孔子很诚实，我们差远了，"从心所欲"必定"逾矩"，一"从心所欲"，就违背规矩。规矩包括礼仪和规范，人活在世界上，不能没有规范，因为人有自由。有自由而没有规范，将会形成灾难，每个人都以私害公、以权谋私。这样一来，社会怎么办？

"乐"则是"和"，"和"就要靠音乐。我们都有这样的经验：上班时很紧张，忽然有人放音乐，心情马上就轻松了；老板、员工很亲切、很愉快，大家有了默契，情感就变得比较协调了，这就叫作"和谐"。"礼"重视"分"，"乐"重视"和"，人生就是要有分有和，才能有适当的关系，保持长期稳定的秩序。

说到履卦，它的卦辞特别提醒我们"履虎尾"，踩到老虎的尾巴。履卦卦辞说："履。履虎尾，不咥人，亨。"意即："履卦。踩在老虎尾巴上，老虎不咬人，通达。"《易经》的卦辞中很少会出现老虎，但在"履卦"出现了。

履卦卦象

履卦卦象是"天泽履"，六爻只有六三是阴爻，其他五个是阳爻。我们还记得，当出现五个同样的爻和另外一个不一样的爻时，这个不一样的爻就会变成主爻。在履卦当中，六三是唯一的阴爻，因此就成了主爻。

六三是阴，面对一个卦里面五个阳爻，压力很大，因此要重视礼仪。面对很多人时，尤其是面对长辈的时候，就好像踩在老虎尾巴上，但是老虎不咬人，为什么？因为你有礼貌。面对长辈、老师、父母亲，要小心按照礼仪规范，该怎么说话、怎么做事、手脚该怎么摆，都得照规矩来。如此一来，就算你踩到老虎尾巴，它也不会咬你，因为你有规矩。

有时候，人站在一个高的位置，要对付底下的人很容易，我在美国读书的时候也碰过类似的情况。当时我有两位指导教授，在临近毕业时，其中一位教授对我说，他们两人打过电话商量到底要不要让我顺利毕业。他跟我讲话的时候，脸上有一股杀气，我看了很紧张，因为在美国读书压力很大，"非我族类，其心必异"，外国人的心根本猜不透。

我的指导教授是从比利时来的，情绪智商很差，喜怒哀乐阴晴不定，同学们给他起了个绰号叫作"最不可预测的人"。我曾经亲眼看到他把一个博士班学生写的三百页论文丢在地上，这要是发生在台湾还得了，一定会有人立刻找来报社记者，说教授欺负学生。但在美国没那回事，他堂堂一个耶鲁大学的讲座教授，把博士生的三百页论文丢在地上，学生还得低头捡起来回去重写。这说明人在年轻的时候，尤其当学生、晚辈时，确实很危险，只能自求多福，从危险中完成挑战。

可见，"履卦"和我们这一生怎么走路、做人处世、一辈子的发展，都有关系。有礼仪、礼节、礼貌，就可以走遍天下。

"履卦"走到最后，才出现"元吉"："上九。视履考祥，其旋元吉。"意即："上九。审视走过的路，考察吉凶祸福，如此返回最为吉祥。"

换句话说，"履"（礼）要坚持一生，不能说到了中年了，已经当上基层主管了，就不要"履"了。不行，"履"要一辈子做到，尤其到老也是一样。因为老人家需要年轻人来照顾、奉养，这时也要按规矩来。

规矩对人来说，的确是一种束缚，但如果没有这个束缚，世界会变成什么样子？从这个角度来思考，就知道"履卦"有它的用意。"履"就是走路，代表人的一生，你这一生要怎么走？按照礼仪，否则就好像踩在老虎尾巴上。古人常说："伴君如伴虎。"意思是指不要以为在帝王身边，权力就很大；权力越大，危险程度也就越高。因此，要懂得按规矩办事，只要照规矩来，就没有人能怪你。

《孟子》里有一段话，说齐景公打猎的时候，叫一个猎场的管理员过来，但是他用的方法不对。猎场管理员的官位很低，国君叫他的时候，只要拿下皮帽一挥，猎场管理员就会过来。结果齐景公用旗子一挥，叫管理员过来，而挥旗其实是代表叫将军过来。

挥旗子、帽子，或其他代表的信物，用意是呼叫不同的人过来。挥旗子叫猎场小官过来，他当然不敢来，因为他知道要是来了，就会被杀头——因为不守规矩。但是另一方面，国君呼叫若是不到，也会面临杀头的危险。

孟子讲这段话时，特别引用孔子称赞这个小官的话："志士不忘在沟壑，勇士不忘丧其元。"（《孟子·万章下》）孔子称赞猎场小吏坚持得是，不是他所应该接受的召唤之礼，就不前往；他就是不去，因为他知道横竖都是死，至少要坚持原则。由此可见，"履"（礼）真的很重要，中国被称为礼仪之邦，是有道理的。

三、井卦：有福同享

井卦卦象

第三个卦叫作"井卦"。古时候有"井田制度"，另外，"井然有序"、"井井有条"等成语，也跟"井"有关。因为古代社会"改邑不改井"，搬家的时候整个村庄迁移，井不能带走，所以你要迁就它。

井卦的卦象，叫作"水风井"。"风"代表巽卦，巽卦代表木头，水装在木桶里面，把水从井里面打上来。井卦和履卦一样，到最后才出现"元吉"，我们且看井卦六爻爻辞：

● "初六。井泥不食，旧井无禽。"意即："初六。井中的淤泥不能食用，旧的水井没有禽兽来。"

● "九二。井谷射鲋，瓮敝漏。"意即："九二。井中积水向下流注，水罐又破又漏。"

● "九三。井渫不食，为我心恻。可用汲，王明，并受其福。"意即："九三。井淘干净而不去食用，使我内心感到悲伤。可以用来汲水，君王英明，大家一起受到福佑。"

● "六四。井甃，无咎。"意即："六四。井的内壁砌好了，没有灾难。"

● "九五。井冽寒泉，食。"意即："九五。井中有甘洁清凉的泉水，可以食用。"

● "上六。井收勿幕，有孚元吉。"意即："上六。井口收拢而不要加盖，有诚信而最为吉祥。"

井卦六爻非常生动，一开始就说，旧井底下都是淤泥，连飞禽走兽都不过来。最后只有把淤泥清除掉，把井壁砌好，把井口收拢。井卦描述了古人的生活模式，人不能离开水；在古时候，到任何地方都要找水井，没有水井，就无法生活。

从第一爻、第二爻、第三爻一直上去，到第四爻，水井的修复工作大致已经完成了，但还是不够好。到第五爻时，井中的水就非常清凉可口了。因此，占到井卦时就要知道，整个过程不到最后的结果，都不算很好。因为井卦的卦辞就提到："汔至亦未繘井，羸其瓶，凶。"把水打上来，瓶子在井口撞破，就是凶。

所以，占到井卦要小心，这个卦一定要走到底，直到水已经离开井口，真的可以饮用了，才是好事。否则，井水如此清凉、甜美，但是没有打上来，还是没用。等于做一件事，到最后没有结果。

井在古代是一个重要的资产，所以经常有人在井边打架，这时，"井"就代表要讲求秩序。我们经常说"往来井井"、"井然有序"，就来自古人用井的方法。正如到井边打水不排队，每个人都要挤进去，井口那么小，怎么可能让每个人都如愿以偿呢？一定会出现许多复杂的问题，因此要按照顺序，一个一个来。井卦就是在提醒我们，要设法坚持到最后结束，才能得到井水的利益。

最后一爻是最精彩的部分。当一个井做好之后，上六"元吉"。为什么到最后居然是最好的呢？因为你把井都做好了，"井收勿幕"，上面不要加盖子，大家来分享。不管做任何事，只要想到与大家分享，就没有问题了。一个人成功，基本上都是好事，如果你的成功是建立在别人的失败上，那么就要小心了。别人不会祝福你，反而会在心里想：就是因为你成功，所以我才失败。

井卦的用意何在？从井然有序开始，大家守秩序、守规矩，要从水井里打水上来饮用，一定要离开井口时瓶子都是完好的，才算达成好的结果。在最后这一爻，说明井口不要加盖，因为就算是你做的水井，你一个人也用不完。而且水井很有意思，它是"无得无丧"，也就是没有得也没有失，不管怎么打水，水井的水始终维持一定的高度。它没有得，也没有失，你就尽量使用吧。这可以说是古人对水井的观察。

说到井，确实有它深刻的含义。古代的井田制，显然跟井有关。井田制在古代是很重要的制度，一个地方八家人生活，在一块田地画一个"井"，就有九个位置，中间的叫公田，旁边有八家人的私田。公田大家一起耕种，那时不收税，就把收成的东西归给国家，等于是收九分之一的税。因此，大家会努力先把公家的田耕好，下雨的时候都希望老天先把雨降在公田，然后再降到私田。

古时候有很多这样的说法，反映出当时的生活模式有它可爱的地方。井田制度最可贵的地方，根据孟子说的，这八家人"出入相友，守望相助"，外出、回家时，大家结伴做朋友。因为大家都在同一个井的范围，构成一个小的生活圈，叫作"小区生活"，彼此"守望相助"，生病就"疾病相扶持"。

我读《孟子》时，觉得这三句话真是令人感动。古时候的老百姓构成一个生活圈，就能互相帮助。"出入相友，守望相助，疾病相扶持。"（《孟子·滕文公上》）谁不生病、谁不会老呢？但有时不能光靠子女，这是古代社会的一种描述。我们提到井的时候，可以想到井田，想到古代生活的方式。

四、鼎卦：除旧布新，安邦定国

最后一个要介绍的是鼎卦（䷱）。"鼎卦"很有来头，古代的诸侯若想知道自己有何能耐，就会尝试是否可以"问鼎中原"。"鼎"本来是古人烧饭的用具，讲得通俗一点，就是锅子。后来，鼎变成了国家的宝物，国家的重器，可以作为国家的象征，例如"三国鼎立"。形容一个人说话有分量，就是"一言九鼎"，这些都是从"鼎"来的。

"鼎"字为什么那么重要呢？因为它能把生的食物煮熟。一开始，古人还是吃生的食物，后来发明了火，可以把食物拿来烧烤。但是老吃烧烤的食物，身体没办法接受，而发明鼎之后，就能把食物煮熟、煮烂，小孩、老人也都可以吃了，要不然烧烤的食物只有年轻人可以享用。因此，能发明鼎，把生的食物变成可口的熟食，大家都能吃得很健康，生活也逐渐得到改善。

鼎是国家的重器，代表国家的象征。也就是说，一个人要建立国家，等于是一个鼎能够立起来。如此一来，鼎的含义就非常深刻了。

鼎卦卦辞说："鼎。元吉，亨。"鼎就是元吉，因为鼎一定走得通。鼎卦《彖辞》说："圣人亨以享上帝，而大亨以养圣贤。"作为一个天子，用鼎煮好的食物来奉献给上帝，进而大量烹煮食物来养育圣贤。在《易经》里，上帝就出现这么一次，就在鼎卦。

为什么忽然出现上帝这个概念呢？学者们认为，商朝崇拜的是上帝，周朝崇拜的是天。而事实上，"上帝"与"天"的功能、角色是差不多的，都是作为最高的主宰，赏善罚恶，是最后的神明。

身为国君，用鼎做好食物奉献给上帝，煮好食物以养贤，让天下好的官员、有才干的人物都得到好的工资，他们才会照顾百姓。光靠统治者一个人是无法照顾全天下人的，毕竟需要分层负责。等于是用鼎产生出各种好东西，让上帝满意，让大臣满意，让贤者们都满意，然后他们再来照顾老百姓。可见提到鼎，就是要建立国家，安定社稷。

说到鼎的观念，我们也发现，鼎卦六爻大致都不错。但是我们必须强调，第四爻是凶的。鼎卦虽然是元吉，整个卦是上上大吉，但里面还是可能会有凶的爻。也就是说，再怎么好的情况，形势一片大好，还是有某些人处在"凶"的位置。这就提醒我们：任何一个卦再怎么不好，也有好的爻；再怎么好的卦，也有不好的爻。

我们为什么在开始要强调"天道无吉凶"呢？就因为每一个卦都是天道之一，即天道循环里的一个形势；每一个卦都是一个形势，每一个爻是其中一个位置。掌握这些之后，我们就知道，既然天道没有吉凶，那吉凶从何而来？从欲望而来。所以，人生最主要的功课是修养德行、降低欲望，如此自然能逢凶化吉，这是最好的方法。

鼎卦卦象

以上介绍的四个卦，提到鼎卦的时候，会特别强调要尽到自己的责任，在其位就谋其政，把事情做好。就像鼎卦的卦象"火风鼎"，底下是巽（风），巽也代表木头，上面是火，底下是木头，木头在下面燃烧，燃烧之后把食物煮熟。中间是三个阳爻九二、九三、九四，底下是两只脚。为什么两只脚，不是三只脚？因为只看到鼎的前面两只脚，后面那只不见得看得到。所以，看这个图像时，像不像一个鼎？底下初六两只脚，后面还有一只，中间三阳爻代表鼎腹。

那么，九四为什么凶呢？（九四爻辞："九四。鼎折足，覆公餗，其形渥，凶。"）因为九四到了上卦，以为自己可以享受了，事实上不然。因为九四与初六正应，两个如果正应，九四就想和初六配合。一配合，恐怕就翻过去了。

因此，并非九四位置有问题，四是偶数，偶数应该是柔的位置，最好是阴爻。偏偏它是阳爻，如此一来，对九四就很危险了，它跟底下的初六如果正应，很容易就会翻过去。换句话说，就是我俩一旦配合，鼎就失去它的作用了，变成鼎打翻了。打翻之后，谁都吃不到东西了。在鼎卦里面提到"凶"，就是九四这个地方

187

不太好。

六五是鼎的耳朵。鼎很重，我们常说"扛鼎之作"，鼎怎么可能扛得起来，大力士也做不到，所以鼎就要抬。六五为什么是阴爻？正好是耳朵穿过一根铁杠，然后很多人把它抬起来。上九就是鼎的盖子，要不然怎么煮东西呢？这样一个鼎的样子就出现了。

到了六五，耳朵可以让鼎抬着走，说明没有问题，在这里就会出现开始吉祥了（"六五。鼎黄耳金铉。利贞。"）。到了上九最好（"上九。鼎玉铉，大吉，无不利。"），因为鼎完成了，大功告成。

【余韵】

在此，我们再把自求多福的方法做一个简单的回顾。

一、损卦，要自求多福，就要损己利人。任何时候，都要替他人的需要设想，想办法让别人得到多一点、开心一点，这就是损己利人。例如，资本主义社会刚开始的时候，问题很严重。马克思批判资本主义有他的道理，他在英国进行研究时，看到许多刚建立的工厂，对员工都是不断地剥削。老板一个人发财，工人住的地方却像鸽笼一样，每天起早赶晚地工作，生了病也没人管，收入微薄。

但现在不一样了，从美国的福特公司开始，股份大家分，工人也可以享受到工作成果。像这就是一种损己利人的观念，老板要想得开，让每一个员工都得到更多。因此，要有利人、帮助别人的观念。

二、履卦，要重视礼仪、礼节、礼貌。有句话说："礼多人不怪。"你对别人客气，总不会是坏事。但是，客气要注意真诚，不是表演给别人看的，得始终秉持着真诚的心。而且，若是礼貌不够，反而有危险，因为可能踩到老虎尾巴。

三、井卦，井然有序、井井有条。"井"是人类社会互动的基础，要照顺序一个接一个，不能着急，要有秩序。同时，这个井是"利众"，帮助每一个人，就好像每一个人都可以使用水井。井建成时上面不要加盖，任何人经过都可以打水喝，让水井是开放的，与大家共同分享。等于是你有功劳也不要独占，让大家都可以享用。

四、鼎卦，就好像完成使命。做一件事，知道会面临很大的挑战时，就要从基础慢慢建立起。这里再补充一点：鼎的第一步，也就是初六的时候，是鼎的脚。鼎的脚本身很脆弱，是阴爻，站不住。一开始把整个鼎翻过去，在烹煮食物之前，要先把里面剩下的、旧的东西去掉，去掉之后把它立正，再开始煮食物。初六有这样复杂的意象。

由此可见，"鼎"代表一个国家社会的建立，能够安邦定国。损卦要人一生都抱着损己利人的心态；履卦是这一生都没有放弃按照"礼"的方式来行动；井卦是不管完成任何事，都愿意同别人分享。这四方面都提醒我们，要自求多福可以，得按照这四种方法，就照你自己的处境来加以理解吧。

【《易经》小常识】

《易经》的研习流派

《易经》的研习流派众多，总的来说，可归为两派六宗。两派指"象数派"和"义理派"，六宗是指"占卜"、"禨祥"、"图书"、"老庄"、"儒理"、"史事"。六宗当中，占卜、禨祥、图书三宗为象数派；老庄、儒理、史事三宗为义理派。

●象数派

象数本是分开的，在易学中被连起来用。"象"指形状，也称"易象"；"数"指数目和计算，也称"易数"。

传统观点认为，《易经》的象有三个方面的含义：

一、八卦、六十四卦及三百八十四爻的形状，即卦象、爻象。

二、八卦所象征的事物，如乾为天为父、坤为地为母等。

三、卦辞、爻辞所说的具体事物，如乾卦卦辞中的龙、坤卦卦辞中的牝马。

这三种含义合为"易象"。另外，易数也有三种含义：

一、一卦各爻属性的数，即六、七、八、九四个数，阳爻为奇数，阴爻为偶数；大数为老，小数为少。这四个数又分别称为"少阴八"、"少阳七"、"老阴六"、"老阳九"。六为老阴，因为阴代表负数，而负六大于负八。

二、爻位顺序的数，依次为初、二、三、四、五、上，即爻的变化规律。

三、占筮求卦的方法，即占卦过程中，根据蓍草数量的计算，推导出所需的卦象。

可见，象数派注重卦象、卦变的研究，以其所理解的道理推断人事吉凶。象数派代表人物有汉代的孟喜、京房、焦延寿，以及宋代的陈抟、邵雍等。

● 义理派

顾名思义，"义"即意义，"理"即道理。义和理无形无象，不能单独存在，需要透过文字或图形的描述方能显示。象数和义理可看作是同一事物的两面，例如，乾之所以为刚健之义，就是因为日月等天体运行规律，周而复始，从不间断，且威力强大。

义理派注重《易经》的卦名、卦爻辞，以及卦象中所蕴含的意义和道理。代表人物为创始者王弼，继承学说的是宋代的胡援、程颐、杨万里等。

第九章 《易经》的现代意义

有一位日本心理医生，认为自己生意不好，便占了一卦，得到复卦（䷗），底下一个阳爻，上面五个阴爻。一个阳爻从底下往上走，下一步将会带着别的阳爻一起往上走，这说明了这个人阴气太重，有五个阴爻。这位医生看了便说："我以后不能太客气了，要有一点阳刚的精神。"因此，他之后跟病人说话语气就变得很肯定。

一般人看医生，需要的是医生的权威。例如，生病了去看医生，问医生："我是感冒吗？"医生说："不一定。"那么我该怎么办？没办法知道自己到底生了什么病，还找医生做什么？看心理医生也一样，若心理医生告诉你："你的病还不算是抑郁症，但也很难确定是什么问题。"听到这里，你下次也不会再找这个医生了吧。病人当然希望医生的语气是肯定的，医生讲话要有权威，不然病人会无所适从。

老师教学生也是一样，学生问老师："老师，我这样做对吗？"老师说："不一定，这样做也对，那样做也对。"学生请教孔子，孔子从来不会说"不一定"，或者"明天我们再研究，我先回去查资料"。你一查数据，学生可能就不会再信赖你了。

《易经》确实可以用在很多地方，对这个日本医生而言，它的解释也很合理。他一看自己占的卦，先不讲其他"一阳复起，大地更新"，只强调自己现在生意不太好，因为是阳气不够，阴气太盛。之后变得阳刚一点，斩钉截铁地回答病人的问题，这么一试，果然情况就得到改善了。

一、《易经》与现代人的关系

《易经》虽然是中国古老的智慧，但它与现代人依旧有很大的关系，具有现代意义。

●《易经》和现代宇宙观有关

说到宇宙观，西方人的宇宙观有一个非常明确的发展路线，近代首先出现机械论的宇宙观。机械论的宇宙观是以牛顿物理学为基础，主张宇宙是一部机器，内在没有动力，动力来自外在。机器本身是拼凑而来的，物质加上动力，就构成了整个宇宙的变化，这就叫作"机械论"。

西方近代发展机械论宇宙观，把宇宙看作一部机器，哪里有问题就修哪里。到了二十世纪以后，开始发展机体论的宇宙观。机械跟机体不一样，机械可以拆解，机体"牵一发而动全身"，不能乱拆。一块黄金切一半，可以变成两块黄金，但是一只狗切一半，就不能变成两只狗，而是死狗，因为狗是一个有机体。这也就是我们中国人的宇宙观，从《易经》就开始主张宇宙是一个整体，全面互相关联。

《易经》六十四卦，彼此可以换来换去，每一卦只有两个爻的变化，即一阳一阴，怎么换都可以连到一起，因为都来自乾、坤。可见，《易经》的观点就是一种机体宇宙观。

西方的科学到二十世纪以后，从"相对论"到"测不准原理"，再到"量子论"，一路发展到现在，才发现宇宙是一个有生命的东西，是一个有机体。他们很惊讶中国的文化，不了解为什么我们那么早就发现这个理论？其实，中国的宇宙观是素朴的，并没有经过西方那种认真的思辨过程。不过，这也说明了古人的智慧是何其伟大。

伏羲时代就有"观象设卦"的说法，观察就叫作"直观"，直观的时候，人与被观察的对象是一个整体。我们通常很难了解整体，因为我们自己就在整体里面，好比"不识庐山真面目，只缘身在此山中"（苏轼《题西林壁》）。然而，《易经》很早就告诉我们，整个宇宙是一个互动的整体。西方人非常欣赏这种整体观，以前他们会觉得中国文化所讲的与科学脱离，后来才发现，最符合他们新的科学研究结果的，就是机体宇宙观，也就是中国一直以来的宇宙观。

●《易经》与计算机有关

清朝初年，西方有位大学者莱布尼兹（一六四六～一七一六），读完传教士用拉丁文翻译的《易经》后，从里面的六十四卦体会到二元对数和二进制制。

什么叫二元对数？用阳爻代表一，阴爻代表零，一和零就叫作二元对数，而现今的计算机就是从二元对数的思考模式发展出来的。换句话说，计算机基本构成的模式和思考方法，与《易经》的基本观点，两者之间是有相关性的。

当然，我们不能说如果莱布尼兹没有读到《易经》的翻译本，他就不可能发明计算器，不过至少我们可以知道，计算机的原理在《易经》中早就出现了。

●《易经》重点在于心理分析

一般提到心理学，当代应用最多的是心理分析方面的治疗。心理分析治疗来自心理学家弗洛伊德，他特别强调潜意识的作用，代表作为《梦的解析》。

为什么人会做梦？代表人有潜意识，梦里所出现的各种故事有时会跟生活脱节。例如，好好的一个人，在梦里会变成一只鸟，好比庄子变成蝴蝶。梦到底有什么含义呢？的确，从小到大，我们在某个阶段会专门做某些梦，如果你有兴趣，可以把自己这几年之内所做的梦的细节全写下来，就会发现其中的基本模式和结构，或基本内容和剧情是类似的。这代表你小时候曾经发生的某些事，进入你的潜意识，但你并没有察觉它一直存在。而做梦的时候，它就跑出来了。

弗洛伊德透过梦的解析，帮助现代人摆脱生命中出现的各种异化现象。异化就是脱离，与上天脱离、与大地脱离、与人群脱离，也与自我脱离。到最后一个人孤孤单单，感觉到各种痛苦和烦恼。今天西方人一有痛苦烦恼，就会找心理医生，这时心理医生会请他躺下来，说说做过的梦。这就是这门学问运作的方式。

如果讲梦讲了半天讲不清楚，就用"催眠法"，让人睡着。睡着的时候，人会想到前世。我们很难证明到底有没有前世的存在，只知道有些人透过催眠会想起前世，这可能就是潜意识的作用。

心理分析能帮你把过去的许多事件，透过做梦、催眠回想起来，进而一一化解。痛苦是一种结果，前面一定有原因，找出原因，就可以把结果消减，甚至消除。这是一种因果式的思考模式，在时间的过程中，因果会不断地发展。

心理学家荣格就得到《易经》的启发。荣格这个人很特别，他一方面师从弗洛伊德，另一方面又说他讲得太偏了。因为弗洛伊德的心理学，到最后变成性心理学，压抑的都是性，性需要、性冲动，满脑子都是性幻想。而荣格讲究的是集体潜意识，例如中国人对于"龙"就有集体潜意识。

荣格最可贵的是他会不断地学习，不仅是印度教、炼金术，还学习了《易经》。他学《易经》学得非常透彻，会仔细研究每个卦，以及卦辞和爻辞。他提出一种想法，即"同时性思考法"。

何谓同时性？你现在心里不舒服，不见得是过去的原因所造成的，可能是现在正发生的事使你不愉快。我们通常都会忽略这一点，痛苦时就只会找心理医生，回忆过去。这种方式不够好，因为很多时候，人会有同一个时代的问题。当今的每个人都感受到这个时代的问题，却无法从过去找出原因，这就叫作同时性的思考模式。

《易经》的特色在于旁通，一个卦可以和另一个卦相通，这说明《易经》是一种全信息思考的模式。譬如"天地人"三才，上有天、下有地、中间有人，这是同时性的，是一种空间式的思考，不需要靠时间性的昨天、今天、明天。人的思考一向都是贯时性的，把过去和未来贯穿在一起。现在当下同时发生的事，即同时性的，却很少人会注意。换句话说，同时发生的事也必须要注意。

荣格当时所提出的一个新用词，现在开始受到注意了，即"有意义的偶然"。我们平常讲的偶然都是无意义的，例如：我偶然碰到你。但是天下没有偶然的事，所有的偶然都是有意义的，只是当时你没有发现，往往隔了很久才会想到，当初的偶然并不是偶然。天下所有重要的事，都是偶然出现的，只是当时你没有注意到，事后才发现那个偶然，其实是有意义的偶然。

大家都有交朋友的经验。地球有六十七亿人，为什么你会对眼前这个人特别有感觉？因为那一刹那，你的身心正好达到某种状态，而且对方也一样。这种感觉以前为什么不曾出现，以后也不见得会出现呢？这就叫作有意义的偶然。很多时候，我们都会忽略这一点，认为很多事是偶然发生的，不需要理会它。事实上，它正好提醒我们，某些事可能即将要发生了。以下是一个有意义的偶然的真实例子。

有一次，台北市南港区公所的一位科长，带着十几名科员去郊游，他一下车就一脚踩到狗屎，当时大家都会说真倒霉，但他说不一定，这恐怕是有某种暗示。于是当天，他们每人出一百元去买彩券，结果中了头彩，每人可分得一百万元。报道出来之后，大家都很羡慕，纷纷四处去找狗屎。但真的去找狗屎就不算了，因为那是故意安排的，真要这样的话，满街的人都中奖了。

这个例子说明了无意间出现一件事，如果你注意到了，就会有一种心电感应，知道今天会发生好事，因为坏事已经出现了，好事应该就要来临了。因此，很多时候，要特别留心当下发生的事，因为那恐怕带有暗示作用。

我们不否认人会接受心理暗示，例如，朋友约打麻将的时候，我就会开始注意：我走到巷口，正好来了一辆全新的出租车，好像是专程为我准备的，这时我就知道今天一定会赢。若是走到巷口，等了好久都没有出租车，最后来了一辆旧车，我就知道今天完了。

人本来就有各种心理暗示，像《易经》的卦象，也有心理暗示。天底下没有完全客观的事，任何事情发生了，当事人和局外人都会受到牵扯，其实你也受到某种影响。

平常谈到教育的时候，大家都说不能毫无限制地让孩子看电视，也不能任由他们随意上网，这样对他们都不好。因为信息进入脑子后不会消失，而是会潜伏在其中，在将来产生某种作用。中国人主张从胎教开始就要看好东西、说好话、听好音乐。这种做法非常正确，能让胎儿接受到全方位的刺激。

西方目前发展出一种新的学问，叫作"哲学治疗"。一般人只知道心理治疗，不知道什么叫哲学治疗。哲学治疗简单说起来，跟心理治疗不太一样，而是分析一些概念；哲学很喜欢分析概念。

举例来说，看到一幅画，你说这幅画真美，学哲学的人就要问："你所谓的美是什么意思？"如果你没有想清楚什么是美，美就只是你个人的感觉，而他人为什么要接受你的感觉呢？世界上没有一幅画是所有人都说是美的，一幅画卖得很高的价钱，但是买画的人看得懂吗？不见得。我有时候到美术馆看画展时，在标价越高的画前面会站得越久，这样才不会被人嘲笑。外行人只能这么做了。

什么是美？事实上，没有人答得出来。而哲学的用处就在这里，这时我们就必须分辨概念。如果你找读哲学的人来帮你做心理治疗，你说："我今天心情不好，因为别人对我不公平。"对方可能会说："很好，请你坐下来，我们先来讨论，什么叫作公平？"

讨论完之后，保证你不会再觉得自己受到不公平的待遇，因为你根本就不知道什么叫作公平。耶稣有受到公平的待遇吗？他才三十三岁就被钉在十字架上，太委屈了；苏格拉底活了七十岁，被人家冤枉、诬告，也判了死刑，公平吗？不公平，但他们都不要求公平了，你又为何要求公平？

经过分析之后你会发现，原来别人对你不公平，是你自己的误解，因为你根本不知道什么叫公平，那么又怎么知道别人对你不公平呢？这是哲学的方法，但光是这样还不够，因为这样以后就没有人敢跟你讲话了。因此最后，你还需要提供一些积极的建议。

《易经》告诉我们，所有的东西都是不断在变化之中，你觉得自己现在很委屈，将来说不定就发展了。我们常说：蹲得越低，跳得越高。而你直挺挺地站着，要怎么跳呢？要知道，生命是一屈一伸、相互配合的，有光明就有黑暗，有白天就有晚上，有春天就有冬天，这些都是互相配合的。如果现在心情不好，没关系，将来会变得不一样；如果现在很得意，《易经》会提醒你，不要太得意，将来可能会有问题。

人最难了解的往往是自己的处境，很难跳出去看自己，说话太主观，认为自己就是世界的中心。很多事情发生的时候，当下不能化解，反而经常觉得："为什么别人会这么对我？我是一片好心，别人却不理解。"为什么会有这种想法呢？因为你没有从别人的角度来看自己，所以我们要练习换位思考。现在很多人都强调换位思考，是有道理的。

《易经》对现代人来说，越来越重要。《易经》这门学问，帮助我们了解自然界、了解人群社会、了解自己。透过《易经》，只要通过第一关，了解基本的八卦，再合成六十四个六爻卦，就可以慢慢知道，人生有六十四种处境。每一个卦有六爻，变成三百八十四爻，三百八十四爻代表三百八十四种位置。

六十四个大的形势，三百八十四个位置，你总能从其中找到一个地方吧。但是，找到地方后还要记住，它不断在变化，因为"易"就是变化。人要随时知道居安思危，任何状态即使表面上是安静的，其实照样充满动力，随时都会出现新的状况。最怕的是不知道将来会怎样，人最可怕的是无知，以为将来一样会很好，那就太天真了；但以为将来都不好，那也太悲观了。看《易经》就知道它的变化规则大概是什么，这个卦后面接什么卦，都有一定的道理存在。

二、古人如何看待《易经》

以孔子来说，他在五十岁左右，开始专心研究《易经》。像孔子这么用功的人，小时候不可能没读过《易经》，他年轻时几乎什么书都读。当时的书不多，最主要的是五本：《诗》、《书》、《礼》、《乐》、《易》，这五本孔子肯定都读过了。但是，有的当下读了就懂，而有的书，如果没有累积相当的经验与人生体会，读了也没用，只是看字面而已。

一般来说，五十岁左右的人，生活经验丰富，该有的经历都有了。等于一卦六爻到了第五爻了，大概知道整体的情况了。再老才读《易经》就来不及了，因为已经到了第六爻，读了也没什么机会了，准备出局了。

孔子五十岁左右学《易经》，目的是希望减少过失。《易经》为什么可以让他减少过失？我们常提到《易经》的自强不息、厚德载物、修德；要让自己"惩忿窒欲"，让各种负面的特性、欲望、情绪，慢慢化解，就要增进自己的德行，替别人设想，建构一个理想的社会。而在《易经》当中，孔子就得到一些启发。

在《孟子》里没有直接说到《易经》，但孟子很强调一个字，即"时"，做任何事都要看时机。他还特别说，孔子是所有圣人当中最重视时机的，他要学习孔子，因为做任何事都有时机。时机不对，事倍功半；时机对了，顺水推舟，太愉快了。

另外一位是荀子，他说："善为《易》者不占。"真正懂得《易经》的人，不愿意占卦。因为《易经》的道理合乎理性的思维，如果能清楚掌握理性的思维，何必占卦呢？占卦代表你面临很难解决的问题，心中产生困惑，因此才需要占卦。

然而，不可否认的，人生确实有困惑。很多时候借助于《易经》，一定要记得两方面的作用：一是它的义理。学《易经》可以知道做人处世的道理，《易经》中提到哪些卦有困境，你应该如何面对、采取正确的方法；哪些卦代表吉祥，它为什么吉祥？只要掌握住它的原理，设法实践，自然会达到效果。

另一方面是占卦。古人学《易经》可分为四方面：

（一）重视言语。《易经》里面有很多成语，可以得到许多启发，之后说起话来，就会非常文雅，言简意赅。

（二）重视行动。有些人重视行动，就会推崇《易经》的变化。变化无常，但是再怎么变，都不能离开你的抉择，以及你本身的态度。

（三）重视制作器物。例如怎么盖房子、怎么制作其他东西，从《易经》的图像中，都可以得到一定的启发。

（四）重视占卜。这种人就要注意到"占验"之词，重视占卦。

以上这四种人分别可以从《易经》中得到不同的材料，重视它不同的层面。

《易经》可以用来参考，它里面充满象征和符号，好像打哑谜一样。它写一句话，你就要问：这句话代表什么意思？例如前述的"履卦"，踩在老虎尾巴上。这时你就可以有不同的想象。

可见，平常在生活中就要研究每一个卦的卦象、卦辞、爻辞，行动的时候才能注意到变化和它的占验之词。"占验"就是占卦的验证，是吉还是凶？中间还有什么？除了无咎，还有更好的"大吉"、"元吉"，"无咎"底下还有"悔"，还有"吝"，还有"厉"，代表危险。古人占卦，不是一次就到位的，也不是学会之后一占就准，不可能的。

三、学习《易经》的三个重要收获

学《易经》可以得到多重启发，我把它归纳为以下三点：

（一）昭示文化的源头

《易经》告诉我们文化的根源为何。很多人问，《易经》是儒家的书，还是道家的书？事实上，《易经》远在儒、道之前就有了，而若是包括《易传》在内，则当然是儒家的书。尤其是《大象传》，内容提到君子如何如何，而只有儒家才会强调君子要修德。

然而，我们提到损卦的时候，道家好像也主张减法（损），不主张加法（益）。减法就是减少一点物质欲望、减少一点渴慕、减少各方面的娱乐。烦恼通常来自东西太多，例如，当很穷的时候，只有一个选择——生存下去，除此之外就没有别的念头了。反之，一旦有钱了，眼前有十个选择，选任何一个就要放弃其他九个，这时压力就很大了。因此，《老子》说"损"，要设法减少。

从这里我们可以知道，《易经》昭示了文化的源头。儒家与道家都从《易经》中得到很多启发，尤其是儒家，孔子教学生学《易经》，一代一代传下来，直到司马迁的父亲司马谈，都是儒家研究《易经》的代表人物。这些人集体的合作成果，构成了《易传》，《易传》是用来解释《易经》的基本材料。因此，如果想了解中国文化的源头，一定要知道《十三经》之首的《易经》。

（二）指引人生的方向

什么时候该趋吉避凶、什么时候要收敛、保持低调、损己利人；什么时候可以全力发展、建立自己的事业？什么时候、什么时机、该如何做，这就叫作指引人生的走向。人生的走向没有一个标准，别人这样走可以成功，你这样走不见得可以成功，因为条件不同，或者时机不同。很多人常说，如果中国人在三十年前努力奋斗，也达不到现在的成功，因为那时还没有改革开放。而现在努力奋斗，钱很容易就能赚到，因为整个社会条件不一样了。

过去努力奋斗没有什么效果，现在效果很大，但也不可能一直繁荣下去，将来一定会慢慢平衡下来，让你注意外在的形势，转向内在的自我修炼。这是必然的趋势，否则一直往外发展，欲望的深渊是没有止境的。西方人把欲望比做滚雪球，开始只有一小块，滚到山脚下时变成一大片。欲望就是如此，带着你滚，不会停下来。所以，向外发展到最后，还是要回到自己的内心，回到自己的生命。

我曾经特别提到乾卦，开始的时候"潜龙勿用"、"见龙在田"。九三、九四努力奋斗、进德修业，到九五才能够"飞龙在天"。这叫作人生的走向，不要着急，不要认为自己年纪不小了，不知道该怎么办。诸葛亮也曾当过卧龙，但是等到出来时，依旧能一飞冲天。

退休的时候，知道"亢龙有悔"；到了最后，要懂得该退休的时候就要潇洒一点。"悔"不是坏事，"悔"意指知道懊恼，不要等到最后才懊恼。当下知道将来退休会有懊恼，现在就要好好广结善缘，跟别人好好相处，对年轻人、对属下多照顾一点，到最后退休的时候，别人还是会感谢你。了解这个道理之后，人生该怎么安排就很清楚了。

（三）启发个人的安顿

个人的安顿有两方面，一方面是"乐天知命"。"天"就是各种既定的条件，不能改变的都属于"天"，我们只好接受它。很多时候，我们要从忍受到接受，最后再到享受。只有物质享受才算是享受吗？不一定，还有心灵上的享受，但是它需要经过下功夫。例如读书，有人读书读得很快乐，有人读书读得很痛苦；痛苦的人是在忍受，而快乐的人是在享受。

那么，怎样才算是享受呢？中间必须经过一个过程：接受。而透过理解，才能接受。举例来说，孩子想要考大学，但考试压力很大，读起书来一点都不快乐，因为他不知道为什么要读书。等到大学毕业之后，如果他还愿意读书，代表他知道读书有趣味，可以不断增加知识，而知识就是成长、就是力量。之后，年纪更大了，读书更是一种快乐、一种享受，能乐在其中。这说明了"乐天知命"取决于个人该如何去做。

另一方面是具体的情况。譬如，考虑要不要出国读书、要不要投资一笔生意、要不要跟什么人做朋友，甚至要不要结婚，这些都是重大之事。没有任何事是"百利而无一弊"的，所有选择都是利弊并存。假设每一个选择都是好的，没有坏的，那么又何必选择呢？选择一定是有好有坏，因此才会陷入困惑，不知道该怎么办。这时就要设法学《易经》的另外一招，那就是占卦，以帮助解决眼前面临的困境。

可见，学了《易经》之后，可以掌握人生的大原则，即乐天知命。另一方面是占卦，意指就具体的事件做选择。当一事关系重大，没办法藉理性立刻找到答案，那么就可以设法利用《易经》的占卦。

《易经》的占卦绝对不是迷信，而是相信人的生命中，有它不可知的侧面。用四个字来说，《易经》占卦是"人谋"、"鬼谋"。人在谋划、设计，而且"鬼"也在谋划。鬼代表我们的祖先，他们在不同的世界，但是他们的感悟能力远超过我们，因为他们没有身体。身体就是一个限制，有身体的限制，就会出现各种欲望冲动和要求，使人的思考局限在某个范围里，看不清楚、看不透彻，也看不远；而"鬼神"或灵的世界则是不受限制的。

【余韵】

人生要靠自己负责，不管是任何一派哲学、儒家、道家，以及它们的根源——《易经》，都是一样的。你还是要为自己负责，不要幻想会有奇怪的力量来支持你。"自助者天助"，你必须能够自己帮助自己，之后所有的一切才会来帮助你。

【《易经》小常识】

《易经》占卦方法——筹策运算说明

大衍之数五十，其用四十有九。分而为二以象两，挂一以象三，揲之以四以象四时，归奇于扐以象闰；五岁再闰，故再扐而后挂。乾之策二百一十有六，坤之策百四十有四，凡三百六十，当期之日。二篇之策，万有一千五百二十，当万物之数也。是故四营而成易，十有八变而成卦。（《易经·系辞传》）

古人用蓍草来进行占卦预测，也叫"筹策"，见下图。其步骤如下页。

一、准备五十根筹策（因蓍草现在很难见到，可用竹签、筷子或火柴棒作为替代工具），取出其中一根放在一旁不用，以象征"太极"，见下图。（"大衍之数五十，其用四十有九"）

二、把剩下的四十九根筹策随意分成左右两堆，左边的一堆象征"天"，右边的一堆象征"地"，见下图。（"分而为二以象两"）

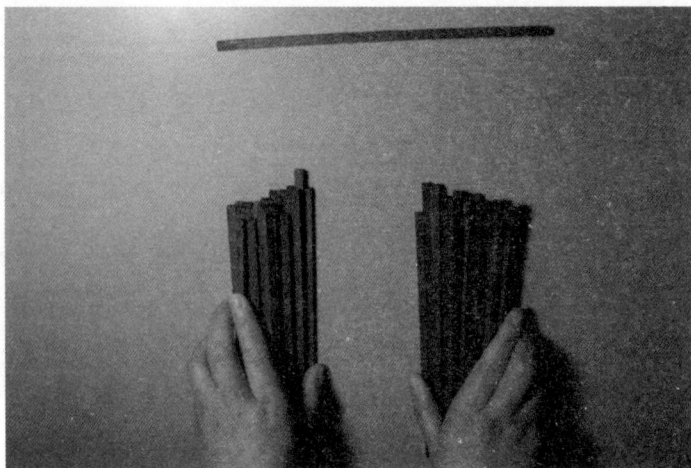

三、从左边一堆筹策中取出一根，夹在右手的小指与无名指之间，以象征"人"，见下图。（"挂一以象三"）

四、用左手数右边一堆筹策，以四根为一组，以象征"四时"。数到最后剩下四根或少于四根为止，把剩下的筹策夹于右手无名指和中指之间，以象征"闰月"。见下图。

接着再以左手用同样的方式数左边一堆筹策，把剩下的筹策夹于右手中指与食指之间，见下图。（"揲之以四以象四时，归奇于扐以象闰"）

以上"分二"、"挂一"、"揲之以四"、"归奇"四个动作，称为"四营"，一次四营则称为"一变"。

五、把夹于右手手指间的筹策取下，合在一起，置于一旁，见下图。

六、除了步骤一和步骤五取出放在一旁的筹策之外，将其余所有筹策合在一起，再重复步骤二～五的动作。

七、除了步骤一、五、六中取出放在一旁的筹策之外，将其余所有的筹策合在一起，再重复步骤二～五的动作。

八、将步骤七剩下的筹策放在一旁，数一数以4根为一组的筹策组数，得出的数必为6、7、8、9四个数其中之一。其中6为老阴、8为少阴，为阴爻（－－）；7为少阳、9为老阳，为阳爻（－）。这样便可得出《易经》六画卦中的第一爻，即初爻，见下图。（"四营而成易"）

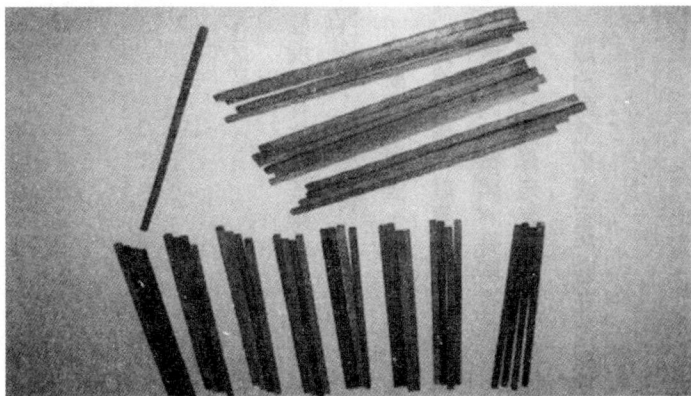

再重复上述步骤二～八的动作五遍，便可依次得出二爻、三爻、四爻、五爻及上爻，这样一个完整的卦形就出现了。（"十有八变而成卦"）

得到一个完整的卦形之后，还要弄清楚变爻和不变爻的概念。变爻就是上述的老阴和老阳，因为它们已发展到阴和阳的极点，即将发生阴阳的转化；不变爻就是上述的少阴和少阳，不会发生爻的变化。

● 《易经》解卦方法参考

占卦出来之后，解卦的方法有很多种。解卦的时候会发现，有些爻是动爻，有时候称作"变爻"。变爻就是把六变为阳爻，把九变为阴爻。一变之后，会形成新的卦。

占出来的卦是本卦，新的卦叫作"之卦"，代表你下一步要往哪里去。这么一来，就变成所要占问的事到了后面可能会有变化。否则，光是占一卦没有用，就算知道现在的情况，却不知道下一步该怎么做。我们更关心的是下一步的发展，因为后续的发展有各种可能性。

真正正确的占卦方法往往是得出"本卦"和"之卦"，透过动爻来决定应验在什么地方，这需要长期经验的累积。

● 解卦步骤：

1. 针对所占问之事，本卦代表当前的处境，之卦（之，往也）代表未来的趋势。要配合心中的疑惑，详细思考两卦的卦辞含义，以求得到启发。这是最重要的一步。

2. 六爻皆不变者，只有本卦而无之卦，则参考卦辞。

3. 一爻变者，则参考本卦变爻的爻辞。

4. 二爻变者，则参考本卦两个变爻的爻辞，但以上爻为主。

5. 三爻变者，则参考本卦及之卦的卦辞，但以本卦为主。

6. 四爻变者，则参考之卦中二不变之爻的爻辞，但以下爻为主。

7. 五爻变者，则参考之卦中不变之爻的爻辞。

8. 六爻皆变者，则参考之卦卦辞。

【注】

1. 以上 2~8，主要参考朱熹《易学启蒙》之说，但不可忽略解卦所需要的生活经验，以及个人主观的能动力量。

2. 对同一问题，至少隔三个月再占。请记住荀子所云："善为《易》者不占。"懂《易经》的人要努力经由理性思维与德行修养而主导自己的命运。

附录 《易经》答问录

问题一：什么是中国文化的核心？另外，现在很多人把人生的价值都搞混了，不是房多、车多，就是钱多。到底什么是人生的根本价值？人为什么要活着？

答：这是"大哉问"了。首先，中国文化的核心是什么？我用我的老师方东美先生的话来说，很简单的三句话：

第一，以生命为中心的宇宙观。整个宇宙充满生命，中国人看宇宙从来不把它看作是死的，连山都是有生命的，就像诗句："我见青山多妩媚，料青山见我应如是。"（宋辛弃疾《贺新郎》）我与山就有生命的互动，且宇宙本来就充满生命，怎么可能有东西是死的物质呢？

第二，以价值为中心的人生观。人活在世上不能只是活着或活得越老越好，而是要实现价值。一般来说，价值是"真善美"，理智追求"真"，情感追求"美"，意志追求"善"，这叫作价值。换句话说，以价值为中心的人生观，要求我们年纪越大，德行越高，也就是不断实现我们的价值。

第三，要向着超越界而开放。不能只是到死为止，人总是会死的，如果只到死为止，就不用谈人生了，因为死了之后，大家都一样。应该要向超越界开放，儒家的"天"、道家的"道"，就是超越界。

为什么要提"超越界"？因为我们的经验和理性所能掌握的这一切，本身都是有限、充满变化的，无法解释它为何存在。这时就需要有一个超越界，超越界不是你可以掌握的。但是它又必须存在，它如果不存在，我们就无法理解所掌握的经验世界与理性世界。超越界可以说是非存在不可，西方的上帝也是这样来的。

以上三点就是中国文化的特色。至于人生的价值是什么，首先，人生的价值在内不在外，如果讲在外的话，"名利权位"就决定了。我们的价值怎么比得上有钱、有名、有地位、有权力的人呢？那么，难道我们的价值就低了吗？不见得，因为有人得到名利权位，不见得是他努力的结果，有时候他生下来就是好命，有时候他得到别人提拔，有时候是他运气好，这都很难说。

儒家思想认为，人的价值在于德行修养。职业没有贵贱，人格有高低。我当教授，行业就比较高贵吗？另外一个人扫地、收垃圾，他的职业就比较低贱吗？不一定，人格才有高低的分别，不管任何行业，只要正当，都是一样的立足点。

其次，人生的价值在于发展德行。这时候就要看《易经》怎么说，像谦卦，六爻"非吉则利"。不要以为乾卦是第一卦，中间九三、九四都是"无咎"，没有灾难就不错了。但是谦卦就不一样了，只要做到谦虚，六爻不是吉就是利，是最好的卦。这说明了要从"谦"着手，"谦"是修炼，不是说现在开始我很谦虚就能办到。谦虚还要条件，才华不够、能力不够，何来谦虚，因为你本来就是如此。

因此，人生的价值首先要掌握到价值在内不在外，而且人人的立足点平等，然后再要求德行的修养。

第三，人生的价值在于无我。德行修养是从有我到无我，从身到心到灵的层面，到灵就是到无我的境界。人有身、心、灵，身体互相排斥，心智可以沟通，灵性打成一片。

例如，你现在坐在这个座位，别人就不能坐了；你当了总经理，别人就不能当了；这个钱被你赚走了，别人就不能赚了。只要跟身体有关、具体有形的，各种有利条件都会互相排斥。所以，人类社会充满压力，互相竞争。

然而，心智可以沟通。大家来到这里听我讲《易经》，听了之后，大家都会有默契。一说到乾卦就知道是什么，一说"谦"就知道是好，大家都可以沟通。

最后是灵性。到了灵的层面，已经打成一片了。一个人修养到最后，到了"无我"，看到每一个人都跟自己的手足同胞一样，见到其他生物，也都跟自己的生命有关，整个宇宙是个整体。

庄子说："天地与我并生。"天地与我一起存在，"万物与我为一。"万物跟我合成一个整体。庄子不是说大话吓人的，他有他的根据，也就是我们这里所说的，一个人到了灵性的层面，根本就没有自我中心的想法，看到每一个人都非常自在、亲切，好像人生本来就是如此。见面就是有缘，大家在一起就客客气气的，没有要胜过别人的压力，别人也感觉不到压力。

人生的价值何在？我只能就我想到的跟你分享：在内不在外，德行作为大家共同的一个目标，最后达到无私，达到人类最高的境界。

问题二：孔子、庄子、孟子，他们都达到了"灵"的境界，可以说与天地共存，只要有天有地，就有他们。但是，我们呢？我感觉自己是个平凡人，凭我们的修为，想达到那种"灵"的境界是不可能的。作为我们这百分之九十八的人，该怎么生活？我们生活在现实当中，有时候看到别人占小便宜，觉得这种行为不道德，可是大家又都这么做，那么我们该怎么办呢？

答：这问题非常具体，也是很现实的问题。我们可以这样想，通常我们讲到一个人的使命感时，不能脱离他的生活空间、时间。

举例来说，我们今天一起在这里。我教书教了一辈子，对我来说，我认真看待今天这场演讲，每一句话都是我研究的心得，没有任何话是我自己不相信的。把今天这件事做好，我就是一个好老师。而大家今天在这里，安静地听讲一两个小时，你们就是最好的听者，你们做到了该做的事。

也就是说，对于每一件小事，你都真诚面对，和别人互动时相互尊重，这样就够了。每个人都有贪小便宜的心态，只要不损害别人，都无所谓。

问题在于，你还是要跟别人有适当的关系，例如你的亲戚朋友、同事、同学等。只要有关系，就有利害的摩擦。这时你就要修炼，因为人生在修炼中才能成长。

有时候，千万不要羡慕伟大的人。像孟子最推崇舜，你知道舜怎么生活的吗？舜的父亲娶了后母，生了一个弟弟象，这个弟弟坏得不得了，"日以杀舜为事"，每天都以杀舜作为目标。这是什么家庭？一家四口人，三个人连手要杀一个人，但舜也因此变成圣人。

如果舜觉得自己倒霉，不解自己为什么出生在这种问题家庭，可能会认为你对我不仁，休怪我对你不义。然而，舜没有这么做，他反而借此修炼德行。

所以，我们生活在平凡之中，平凡是快乐，也是福气，问题是你有没有忧患意识。平常跟人来往时要注意小地方，从小地方注意起，到最后起心动念，让自己化解自私的念头，看到别人占小便宜，也就没感觉了。即使自己稍微牺牲一点，也会觉得很快乐。

老子说得好："既以与人己愈多。"你给别人多，自己会变得越多。以金钱来说，给了别人之后就没有了，却能得到精神上的力量。因为你替别人设想越多、越关心别人，你的爱心就能绵延不绝。这就是所谓的"灵"，是精神方面的。

为别人想得越多，代表内在能力越强。通常，一个伟大的人替别人服务时，会感觉很快乐，因为越牺牲奉献，内在越充足。相反的，一个人越是得到许多财物，例如外在的名声、权力时，得到越多，其实剩下的越少。因为他根本就没有内在的自我，都是靠外在来充实，这其实非常可怜。

一个人如果什么都没有，反而拥有天下，就像印度的甘地，死的时候只剩下一件换洗衣物和一副眼镜，但是谁会说甘地贫穷？特蕾莎修女也在印度修行，她是阿尔巴尼亚人，却到印度当修女，帮助了很多人，死后只留下一个水桶和一件换洗的衣服。甘地和特蕾莎如此穷困，但是，世界上有谁比他们富足？

相反的，多少王公贵族，包括英国皇室那些人，钱多得不得了，但他快乐吗？事实上，这些人非常穷困，穷得只剩下钱了。

我们一般老百姓，千万不要以为圣人有伟大的成就，自己就没希望了。错了，每个人都一样有希望，只要平常多了解儒家和道家的道理，提醒自己在面对每件事时，一旦与人发生来往冲突，就要尽量自我约束。就像"损卦"，损己利人，只要做到损己利人，就是好事。

问题三：是否可请教授以您过去所受科学教育的背景，说明《易经》能否证实或证伪，以及它是否具有普世性？

答：这是个非常根本的问题。《易经》是否具备科学性？能不能证伪？证伪就是在科学研究中提出一个假设，证明它能不能经过各种检验，如果它是假的，就没办法经过这个检验。

《易经》基本上是人类思维的一个精彩表现，它一方面先观察万物现象，画出基本的卦，也就是"观象设卦"。另一方面，设了卦之后，又从卦里得到许多生活启发，形成一个循环互动的过程，心与物互相交际来往的结果。

　　因此，它并不是我们今天所谓的科学研究，面对一个有形可见的清楚对象或某些物质（包括天文、地理各方面），加以研究。所以我们无法用证伪证明《易经》所说是真是假，不能用科学方式来说明它是否合乎科学。

　　我只能说，《易经》是用符号象征来代表万物的一种精彩表现。因为人有思考能力，思考能力就是从万物变化中找到一个基本的象和规则，掌握这个规则之后，看到万物的变化就不至于觉得迷惑。

　　例如《易经》的基本八卦有八个象，八个象两两相合，变成六十四个卦象，每一个卦象代表一个大的时势。每一个卦有六爻，六爻代表六个位置，每一个位置都有它不同的时和位的配合，由此判断吉凶祸福。

　　吉凶祸福往往与人的欲望有关，于是就要强调修德。修德之后，欲望就能得到调整，然后吉凶祸福自然会降低它的影响力。力量在主，而不在客；在内，而不在外，这是《易经》的基本原理。

　　这就好比西方哲学家柏拉图提出的理想国，他不需要用科学方式提出检验，作为唯一的标准。

《易经》有没有普世性呢？就如同我在本书第九章中所举的例子，清初年间，西方的大学者莱布尼兹看到拉丁文翻译的《易经》，研究之后，从里面得到二元对数的启发；阳爻代表一，阴爻代表零，一跟零就可以构成计算机的原理。这是他自己的心得，当时他还申请到中国来，但是被清朝的皇帝拒绝了，太可惜了。

《易经》虽然是老东西，但内容是有永恒价值的。至于《易经》对现代人是否具有启发性，这部分已在第九章详细探讨过，不妨参阅。

问题四：这几年易学研究和应用非常热门，请问在香港、台湾，还有国外，对易学的研究情况如何？他们是侧重于"义理"的研究，还是在"象数"的应用多一些？

答：这个问题很大，我没有做比较系统性的了解，只能这么说，一般研究《易经》，义理和象数是分开的。研究"义理派"的大部分是学校里的教授，因为学校不太喜欢讲象数。如果我在课堂上教同学占卦，那就不太好了。因为如此一来，每个人都会很紧张，想知道占卦结果对自己有利还是有害，到最后，什么事都不能做了。

我以前有个同事，本身就会占卦算命，而且算得很准。后来上课的时候，学生老是问他："老师我最近要做什么事，你能帮我算一下吗？"这样就不像上课了。

因此，在大学里很少谈到象数，因为它容易引起跟算命有关的迷信误解，让每个人都只考虑到自己的利害，而没有客观求知的态度。大学里面讲《易经》，大部分讲"义理"，"义理"告诉大家人生应该怎么做，例如"自强不息"、"厚德载物"。

但是，从汉朝以后，《易经》的应用非常丰富，譬如"堪舆"，跟地理风水有关，必须跟五行配合。所以，在社会上讲象数，就是应用到生活上，直接占卦算命。但是占卦必须慎重，以前的人占卦前还要斋戒沐浴，口中念念有词，非常虔诚。

占卦容易，解卦很难，必须一天到晚研究《易经》。例如"潜龙勿用"、"飞龙在天"，一辈子都研究不完。因为每一件事都不一样，同一个卦，应用在不同的事情上，就需要丰富的生活经验来加以解释，并且需要灵感。所以，象数的应用是最吸引人的，大家都会有兴趣，也可以把它运用到养生上，天干地支在《易经》里也可以找到一些简单的根据，但这些都不是《易经》的重点。

问题五：请问《周易》和河图洛书的关系，是先有《周易》，再有河图洛书，或者《周易》是从河图洛书里分化出来的？第二，大家都知道，《周易》是由两个爻合并起来的，然后阴中有阳，阳中有阴，如此才能运转，包括天体、人类、世界的发展。这是在说明人的发展与世界的发展，必须有好的一面和坏的一面同时进步，还是有其他的意思呢？

答：首先，一般会把河图洛书当作数学，中国古代最早数学基本的方阵，跟《易经》的卦象有关。我们有时候写八卦图时，会写上数字，乾是一、兑是二、离是三、震是四、巽是五、坎是六、艮是七、坤是八，相对加起来就是九，这是"先天八卦"。"后天八卦"相对加起来都是十，因为中间加了一个五，所以就变成十。这都是跟河图洛书有关。

《易传》里曾提到河图洛书，孔子也提过"河不出图"。河图洛书怎么来的，到目前为止还没有定论，所以我只能说，河图洛书中所显示的点代表数字，跟中国古代的数学发展有关。

《易经》里所谓象数的"数"，也和中国古代数学发展有关，但是到目前为止还没有定论。我有些朋友专门研究象数，写的书几乎没有人看得懂，都是数学运算的方式，非常神秘。要说哪一个早，哪一个晚？很难说。如果说早，当然是《易经》最早，但《易经》本身的卦象跟数字的关系并没有那么明显。

第二，阴中有阳、阳中有阴，和好人、坏人的问题，我只能这么说：以人为例，西方研究也发现，男生心理同时有阳性的魂和阴性的魂，只是阳性的魂表现得比较明显。女生也是一样，只是从小被教育在服装、言行上要像个女生的样子。这一教之后，女生阴的特质就发展出来了，阳性表现得就比较少了。

男生阳刚，但是也柔顺；女生阴柔，但是也有阳刚的部分。就像我们说的："女子虽弱，为母则强。"而且，阴阳是相对的，譬如，在家里，我是父亲，是阳；上班的时候，我有老板，就变成了阴。阴阳会随着相对的对象，而转换整个关系。

每个人都有阴阳两种特性，不可能纯粹是阳，所以，在太极图"阴阳鱼"里，眼睛和身体是不一样的颜色，含义就在这里。

问题六：您曾说过，有余暇才有文化。假设以一九九〇年代初期为分界，我觉得在这之前，这句话是成立的，但在这之后就有点不适用了。因为在现今生活中，很多人有了空闲，却没有人制造属于我们的文化。我一直认为，很多现象，如"郁闷"，一直存在我们生活之中，想请教您是如何看待这个问题的？

另外，您在讲《易经》的时候，引用了很多儒家经典，因为我们对儒家经典比较熟悉。但是在"易学"这方面，我们就比较生疏了。我的问题是，"易学"从原来的衰落到现在的盛行，是否代表着什么现象问题？

答：闲暇与九〇年代及制造文化，其实没什么关系。不要忘了，闲暇会制造文化，但是文化有不同的层次。你刚才所说的是娱乐性的文化，娱乐性的文化受制于感官的刺激，让你快速满足感官需求，例如听的、看的、速成的，可以当下立刻感到调剂。但是久了之后，刺激递减，慢慢就会感觉到乏味。

真正的文化是什么？美国耶鲁大学设有核心课程，每个学生不管是哪一系，毕业之前都要读完二十五本书，其中一定包括《柏拉图对话录》，以及康德的著作。这是西方的传统，这么做是为了要让受过高等教育的知识分子，在休闲时有可以思考的内容。思想最怕没有内容，如果不读书，就没有观念，思考了半天，也只能想每天发生的事，例如今天有什么新闻，今天有什么八卦。

这样怎么可能创造文化呢？只是麻醉感官兴趣而已。

我们讲闲暇等于创造文化的机会，意思是闲暇的时候要静下来，不要担心生活。举个例子，日本有段时间，作家的稿费和所付的所得税，都是全日本最高的。在日本，你可以随便举十个作家，他们赚的钱都是一般人的几十倍。他们为什么可以拿那么多钱？因为他是作家，作家需要的是创意，一年只要写一本书，对文化就很有帮助了。

假设你是作曲家，一首曲子卖十块钱，累死了也不可能作出好曲子的。相反的，如果曲子有版权保障，将来很多人唱，作曲家光是坐在家里，就会有很多钱，也就不必担心生活的问题了，可以专心想怎么作出好曲子。一首好的曲子会影响整个社会，我们讲的文化创造，指的就是这一方面，因此才说闲暇能创造文化。

至于提到用儒家来解释《易经》，这是个很好的问题。研究《易经》，从古以来就有各种方法，一种叫作讲道理，例如儒家的道理、道家的道理。第二种是讲历史，用历史故事来验证每一卦、每一爻，到底是不是讲得有道理。我偶尔也会用到，例如我们说明坤卦的时候，就提到姜太公与周公。找材料很容易，因为历史上的例子太多了。

其他还有各种方式，我用儒家来解释是最正常、最经常使用的方法，因为《易传》就是儒家的东西。《易经》篇幅很小，最多二十页，六十四个卦象，每一个卦一句卦辞，每一卦有六爻，再加上六句爻辞，最多二十页结束了。其中内容却跟猜谜一样，很难懂，所以就有了《易传》。《易传》是孔子和他的学生们集体合作的成果，内容很丰富，用儒家的方式来理解《易经》。而这也是两千多年来的历史了，成为了习惯，是非常合理的一种方式。

问题七："医"、"易"不分家，中医和易学大有关系，能否请您针对这一点做解释。另外，虽然您讲解了"先天八卦图"的方位，但在实际使用过程中，用的却是"后天八卦"的方位，关于这点，能不能也请您稍做说明。

答：首先，"医"、"易"不分家，医学跟《易经》不分家的说法是从汉代开始的，把《易经》应用在医学、天文学，甚至风水、阴阳五行上，都是汉代的成果。

对于医学来说，提到《易经》是合理的，而就《易经》而言，就像我向各位介绍的几个卦，如乾、坤、谦等，好像跟医学没什么特别关系。其实在汉代的时候，把五行加进去，五行相生相克，就跟医学产生很大的关系了。

看后天八卦，首先要从左开始，代表东方，震卦。看这个图的时候，跟看地图相反，《易经》是从北方往南方看，上面是南，下面是北，所以东在左手边。

后天八卦从震卦开始，因为震卦代表东，东代表宇宙万物的生命起点。接下来是巽卦，从震卦到巽卦到离卦，离代表南方；坤在西南，乾在西北，兑卦在西方，艮卦在东北。如果配合五行，东方属木，南方属火，西方属金，北方属水，中间属土。这就是后天八卦。

接着再说明五行相生相克。木、火、土、金、水，叫作五行，按照这个顺序，"比相生而间相胜"，"比"就是邻居，"比相生"就是邻居会相生；"间"就是间隔一个，"胜"就是克。

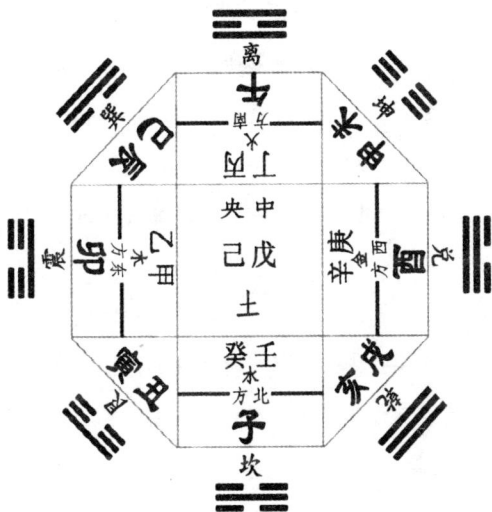

后天八卦五行、方位、天干地支图

举例来说，木生火，木头一烧就会出现火；火生土，火烧完了之后就会成灰，变成土；土生金，山里面有金属，土底下埋着金；金生水，金多的地方就一定有水；水再生木。这就叫作"比相生"，从木开始，木生火、火生土、土生金、金生水，水生木。

"间相胜"则是说明间隔一个就相克。例如木克土，木隔着火到土；树木可以长到土里面去。火克金，火可以把金属燃烧熔化，然后是土克水，水来土掩；金克木，钉子可以钉进木头；最后是水克火，水可以浇熄火。这就是"比相生而间相胜"。如果把五行和我们的肝心脾肺肾对起来，就跟医学有关了。

五行是配合后天八卦的，一般人在使用的时候，的确大部分会使用后天八卦。但是，作为基础的还是先天八卦，它是最原始的，后天八卦是周文王以后才开始使用的。周朝在西边，西北是乾卦，西南是坤卦，它是从周朝的角度来看八卦位置，跟最原始的先天八卦不一样。后代讲到占卦、算命等各种应用，大都采用后天八卦。

问题八：第一，我想问关于主爻的问题。八个经卦里面都有一个爻是主爻，决定这个爻的属性。在谦卦里面，九三是决定整个爻的属性，这个少数的一个爻，怎么能决定这个卦和整个三爻和六爻的属性呢？

第二，我从小接触唯物论的哲学，但是现在来看，《周易》代表的哲学非常有道理，也就是阴阳两派代表的是世界的本质。但是另一方面，我也无法解释这些玄妙的现象。我们这一代从唯物论走过来，面对这些无法解决的问题时，心里会感到非常困惑，不知道世界的本质到底是什么。究竟《周易》只是介绍一种方法，还是说明了这个世界的本质？

第三，您一直说中国哲学就是生命，我以前看过一些书，很多人也都赞成生命的哲学。您也一直在破除我们对小事及欲望的执着，对生命是不是也是一种执着？那种生命的状态是什么样的呢？天地之间是不是存在着大生命的状态，又是什么样子的？

答：先说第三个问题，天地之间是不是存在大的生命？我们对生命的执着，算不算执着呢？其实我们都知道，很多外在物质会使我们产生欲望，这种欲望的执着，包括名利、权位。这些确实是执着的一种，因为是对外。而生命的执着，不见得是一种执着，因为它是对内的。例如，我珍惜每一天的生活，我只能珍惜，不能执着，因为我执着也抓不住，今天还是会过去。

因此，我们讲到对生命的了解、宇宙充满大的生命，为的是希望看宇宙时不要做切割，不要区分这是植物、这是动物、这是无生物。而要把它当作一个整体，缺了任何一样东西，别的东西就不能发展。这样一来，对于宇宙充满大的生命这一点，就会有所感觉。感觉到自己的生命并不孤单，自己的生命跟别的生命可以相通，自己的生命跟天地可以相通。

宋朝学者说得很好："乾为父、坤为母。""乾"是我的父亲，"坤"是我的母亲，这就开阔了，变成天地。人在天地之间，万物就跟兄弟姊妹一样。

第二个问题，你提到有关唯物论的问题。古代的思维没有这么明确的区分，唯物论是近代哲学的特产，尤其是笛卡儿之后，直到德国的唯心论出现，才有马克思主义的唯物论。

你从小所学的唯物论，是历史发展中特定阶段所出现的产物。古时候有"素朴"唯物论，"素朴"代表很天真，认为世界就是看到的世界，但是并不会去思考这个世界也是个物质。素朴唯物论说世界有"灵"，山有山"神"，太阳有太阳"神"，月亮有月亮"神"，有物有神，整个是混在一起的。

通常我们讲古代思想所使用的唯物论，指的就是素朴唯物论，而不是之后精密发展出的唯物论。这个问题比较大，我觉得你受的教育是偏向中间这一段。如果看希腊哲学，他们也有这种唯物论。第一位希腊哲学家泰勒斯说："宇宙的起源是水。"但他接着又说："一切都充满神明。"

宇宙的起源是水，水是物质；但是一切又充满神明，代表万物充满神明的力量。可见，我们必须从全方面来探讨，才能理解西方思想，如果只说近代以来的唯物论，就变成历史里的某一个阶段，有时难免稍微狭隘了点，不包括再往前的各种想法，也不包括中国古代的一些思想。

再回到第一个主爻的问题。六爻里面为什么主爻是少的呢？因为物以稀为贵，一个国家里面，国君只有一个，群众却有很多。如果阳爻一定要为主，那么五个阳爻就代表有五个君，只有一个民，那该怎么办呢？满天月亮一颗星，这是不可能的。一个社会结构一定是少的在引导，多的就服从。

在《易经》基础卦里的三爻，当中有两个阳爻，一个阴爻，其中一个阴爻就是主，因为两个阳爻是多数。千万不要以为二比一才多一，其实是多了一倍。如果六爻里有一个爻不一样，它就是主爻。

麻烦的是两个或三个爻不一样，两个，二比四；三个，三比三。如此一来，就要看哪一个爻所说的爻辞同卦辞和《象传》所说的类似，就是主爻。这是一个方法，虽然不是绝对的，但基本上可以参考。